–학교사회사업가의 이야기–

# 산타가 만난 아이들

윤철수 저

학지사

# 머리말

나의 어릴 적 꿈은 산타클로스였다.

성탄절이면 어김없이 어디라도 찾아와 착한 아이들에게 선물을 주고 간다는 산타클로스는 '선물'이란 것에 너무나도 인색한 환경에서 살아온 아이들에겐 그야말로 꿈과 희망을 주는 기다림의 대상이었다.

그러나 산타는 항상 행복한 가정에만 찾아오는 것 같았다. 부유한 가정의 아이들일수록 산타의 선물은 크고 멋졌고 또한 행복한 가정일수록 선물의 기쁨은 넘쳐나는 것 같았다. 결국 끊임없이 산타를 기다리던 나는 '얼마나 더 착한 아이가 되어야 우리 집 형편이 산타의 선물을 받아볼 만큼 넉넉해질까'를 생각할 수 있었을 때까지 한 번도 산타의 선물을 받지 못했다. 당시 우리 집의 산타는 참으로 열심히 살아보려고 노력하였지만, 자녀에게 선물을 줄 정도로 안정되지 못하고 가난해서 슬프게도 선물을 주고 싶어도 줄 수 없는 산타였기 때문이다. 그러나 끝끝내 산타의 존재를 부정할 수 없었던 나는 착한 산타클로스가 되어서 가난한 아이들에게도 선물을 주겠다는 꿈을 키우는 것으로 산타를 기다리는 것을 그만 둘 수 있었다.

가정에서 산타를 만나지 못한 아이들은 학교에서도 역시 행복을 경험하지 못한 채로 살아가게 마련이다. 나 또한 그렇게 살아갔다. 나는 더 이상 산타를 기다리지 않았고 산타가 되겠다는 꿈도 스스로 동화적이고 유아적 발상이었음을 인정하는 중학생이 되었다. 그리고 산타의 꿈을 꾸고 있을 때나 꾸지 않은 그때나 우리 집의 형편은 여전히 나아지지 않았다. 게다가 산타에게 선물을 받기 위해 착한 아이가 되려고 노력할 필요도 없었던 그때 나의 학교생활은 위기 그 자체였다.

그때 나는 학교에서 산타를 만나보았다. 내게 처음으로 찾아와 준 산타! 그분은 위기에 처한 나의 학교생활을 다시 반석 위에 올려주셨다. 내가 만났던 산타는 자신이 산타인지 지금도 모르신다. 그러나 그는 나에게 산타였고, 그로 인해 나는 산타의 꿈을 다시 꿀 수 있게 되었다. 나의 산타 그분이 내게 주신 선물을 나도 나와 비슷한 환경 속에서 학교생활에 어려움을 겪는 아이들에게 나눠주고 싶었다. 나는 1년에 하루만 찾아오는 산타클로스가 아니라 학교 안에서 학생들과 함께 생활하는 산타가 되고 싶었고, 어떠한 가정환경에서 태어났어도 누구나 학생이란 이유만으로 행복한 학교생활을 할 수 있는, 즉 교육과 생활이 동시에 이루어지는 공간으로서의 학교를 만들어가는 학교 산타클로스가 되고 싶었다. 그래서 난 대학에서 사회복지를 전공하였고, 학생들의 행복한 학교생활을 도와주는 학교사회사업가가 되기 위해 많은 노력과 시간을 보냈다. 덕분에 나는 학교사회사업가로서 일을 할 수 있었고 학교, 가정, 지역사회에 뛰어다니며 학생 및 가족의 문제 해결을 도와 학생들이 행복하게 학교생활을 할 수 있도록 노력하였다. 마침내 나는 내가 꿈꾸던 산타가 된 것이다.

기억을 되살려 보면, 나의 아동기와 청소년기에 있어서 가정은 매우 중요한 곳이었다. 그러나 그만큼 중요했던 곳은 학교였던 것 같다. 나는 학교에서 산타를 만났기 때문에 가정에서 받지 못한 선물을 받을 수 있었던 것이다. 나는 나와 같은 아이들에게 더 좋은 산타가 되기 위해 계속 공부하고 있다.

나는 학생들이 비록 가정에서 충분한 정서적 양육이 되어 있지 않아도 학교에 와서는 누구나 행복한 학교생활을 할 수 있는 그런 학교를 만들고 싶다. 나는 학교가 훌륭한 교육의 장으로, 지역사회에서의 중심으로 다가서길 바란다. 우리의 기억 속에 학교란 더 이상 찾아가기 싫은 곳이 아닌, 아이들에게 도움이 되는, 인생에 있어 중요한 공간으로 세워지길 바란다. 이것은 동화 속의 내용이 아니라 엄연한 현실이 요구하는 것이기에 난 지금도 학교사회사업을 연구하며 교육과 복지를 접목시키는 작업을 하고 있는 것이다. 나는 우리의 자녀들이 어떠한 가정에 태어났는가와는 상관 없이 누구나 행복한 학교생활을 할 수 있도록 도와주는 산타로서 아이들에게 희망과 행복을 나눠주고 싶은 것이다.

이 책은 저자가 학교사회사업가로 근무하면서 만났던 학생들과의 이야기이다. 학교사회사업가가 무엇을 하는 사람인지, 학교사회사업가는 어떤 일을 하는지에 대하여 잘 알려지지 않았던 시기에 과거 학창시절, 학교에서 큰 도움을 받았던 사람이 사회복지를 공부하여 다시 고등학교에 학교사회사업가로 들어가 공평하고 인자한 산타클로스의 마음으로 학생들을 만났던 이야기이다.

그러나 이 책은 학교사회사업가의 전문적 지식과 방법을 이야기하는 것은 아니다. 이 책은 학교사회사업가로 활동하던 저자의 경험담이자 '학교사회사업가와 학생의 만남'이 주요한 이야기이다. 따라서 대부분의 이야기는 사실을 근거로 하였으나 책에 나오는 모든 학생의 이름은 가명을 사용하였다. 이렇게 학생들과의 사실적 만남을 중심으로 출판하고자 하였던 동기는 선영이와의 만남에서 시작되었다.

"선생님! 졸업 후에도 선생님과 우리, 만날 수 있을까요? 다들 졸업하면 끝이라던데…."

"선영이도 선생님 만나고 싶니? 선생님도 선영이를 만나고 싶은데…."

"어떻게 만나나요? 서로 이사갈 수도 있고, 각자가 바쁘면 볼 수도 없을 텐데… 그냥 이렇게 만나다가 졸업하면 못 만날 것 같아요. 너무 아쉬워요!"

"그래? 그럼 우리 만나자! 만나면 되지. 서로가 보고 싶을 때에 한 곳에서 보는 거야! 각자가 멀리 살아도 그곳에만 가면 서로를 만날 수 있는 그런 우리들만의 아지트를 만드는 거야! 거기에 가면 항상 나와 너희들이 있는 거야. 우리가 있는 것이지. 그래서 서로가 서로를 보고 지금을 생각하면서 '씨익' 웃을 수 있는 그런 우리들의 공간을 만들자!"

"에이! 그런 곳이 어디 있어요? 그런 곳이 있을 수 있다면 얼마나 좋을까? 그냥 말씀이라도 참 좋아요. 선생님이 저희를 잊지 않는다는 것으로 생각할게요."

"진짜라니까! 자! 약속! 선생님이 우리들이 서로가 그리울 때 서로 만날 수 있는 그런 아지트를 만들게. 항상 언제나 우리가 그곳에서 존재하는 그곳을 만들게! 우리 서로 보고 싶을 때 그곳에서 만나자! 알았지?"

이렇게 선영이와 약속한 지도 어언 6년이 지났다. 사실은 그 약속을 잊고서 살아왔다. 그러던 어느날 서랍을 정리하다가 발견된 아이들의 사진 속에서 이름이 기억나지 않는 아이들이 생겨나기 시작했다.

'정말로 소중한 아이들이었고 너무나 귀한 아이들이었는데…, 잊어서는 안 될 아이들이었는데…, 잊지 말아야 하는데…, 절대 잊을 수 없는데….'

그날부터 허겁지겁 아이들과의 추억을 정신없이 정리하였다. 약 이십여 일의 정리 기간 후에는 보물섬에 보물을 감추어 둔 부자처럼 뿌듯해 하면서도 나의 기억속에 묻어두고 있었다. 가끔씩 주변 사람들에게 아이들과의 이야기를 들려줄 때마다 모두들 함께 울고, 함께 웃었으며, 나 또한 이야기를 하면서도 그때 만났던 아이들과 다시 만나는 것 같은 느낌을 가지면서 선영이와의 약속이 되살아났다.

'그래! 그동안 잊고 지내온 아이들과의 약속을 지켜보자. 서로가 공존하는 공간, 어느 곳에서라도 그곳에 가면 우리의 이야기가 있는 그러한 곳을 만들겠다는 선영이와의 약속을 이젠 지켜야겠다. 그 약속을 지키는 것이 우리의 추억을 영원히 간직하는 것이겠다' 고 생각하여 출판을 결정하였다. 이 소식을 들은 아이들(이젠 결혼할 나이에 접어든 어엿한 신사 · 숙녀들이 되었다.)도 기뻐하였다.

생각해 보면 이 기쁨의 주인공들이 많다. 아직도 이 아들에게 산타가 되어주시는 아버지, 어머니 그리고 세상에서 가장 사랑하는 나의 아내 형래와 아들 상혁, 책의 주인공이 되어 준 아이들과 선생님들, 학교사회사업가로 지도해 주신 박종삼 교수님과 그 당시 함께 학교사회사업가로 근무하였던 김주미, 이혜주 학교사회사업가, 애정을 가지고 함께 고민한 친구 명찬, 후배 경일, 마지막으로 학생복지를 위해 오늘도 학교와 지역사회에서 헌신하고 있는 학교사회사업가들에게 우리들의 이야기(아지트)가 작은 위로가 되길 바라며 이들 모두에게 감사하는 마음으로 머리말을 대신해 본다.

– 외롭고 힘든 학교사회사업을 지금까지 사명감으로 실천할 수 있도록 허락하신 하나님께 감사드린다. –

2003년 12월

저자 윤철수

# 추천사

이 책은 많은 사람들의 실제 이야기가 살아 숨쉬는 체험 수필집이다. 저자 자신은 물론 저자가 자신의 삶을 통해 삶을 함께 나눈 많은 사람들의 이름이 거론되고 있다. 그 사람들 중에 나는 저자의 스승이다.

내가 1980년대 초반 숭실대학교 사회사업학과 교수로 재직한 지 얼마 안 되어서 몇 개의 고등학교를 방문하여 고3 학생들에게 대학교육을 소개해 주는 교양강좌를 하게 되었다. 한 고등학교에서 강당에 가득 모인 학생들에게 강연을 했는데 그때 앞자리에 앉아서 누구보다도 열심히 내 강의를 듣고 있는 한 학생이 있었다. 강연이 끝난 후 나는 그 학생에게 숭실대학교 사회사업학과에 와서 공부해 보라는 조언을 던져주고 돌아갔다.

"교수님 저를 아시겠어요? 지난 번 우리 학교에 오셨을 때 저에게 사회사업과에 오라고 하셔서 왔습니다." 면접시험을 보면서 나는 다시 이 학생을 만나게 된 것이다. 그 후 나는 윤철수

군과 20여 년을 그의 학부와 대학원 교수로, 교류분석연구소 소장으로, 그의 결혼주례자로 그리고 청년기의 멘토(mentor)로 그를 지도하며, 지켜보아왔다. 윤군이 자신의 석사학위논문 주제였던 '학교사회사업' 과 관련하여 연구하며 살겠다고 할 때 나는 논문지도교수로서 주저하지 않을 수 없었다. 당시 학교사회사업은 불모지였기 때문이다.

나는 그가 학교사회사업가의 길을 걷겠다고 했을 때, 뜻을 꺾으려고 했지만, 우리나라에 학교사회사업을 반드시 뿌리 내리겠다는 그의 강한 의지를 꺾을 수는 없었다.

이 수필집은 그 당시 윤군이 어떻게 학교사회사업을 개척해 나갔는지 생생히 보여주고 있다. 그리고 그는 우리나라에서 최초의 학교사회사업관련 석사학위 논문을 실증적으로 연구하여 내놓았다. 그리고 그는 현재 가톨릭대학교 박사과정을 이수하여 학교사회사업과 관련된 학위논문 연구를 진행중에 있다. 실로 놀라운 집념과 헌신이다.

이 수필집은 또한 자신의 어린 학생 시절의 어려웠던 삶의 경험을 토대로 어린 학생들의 삶의 문제에 다가가 그들의 입장에서 그들을 이해하려는 자신의 모습을 엮어가고 있다. 그의 글은 중고등학생들의 문제를 자신이 나누려고 하면서 스스로의 한계성을 안타깝게 서술하고 있다. 또한, 아이들의 말 못하는 숨은 아픔의 소리를 들어 보려고 안간힘을 쏟고 있다. 이 수필집에서는 찾아오는 학생을 문제학생으로 보지 않고 단지 문제를 갖고 있는 소중한 학생들로 보면서, 그들의 문제를 대변해 주고, 학교, 가정, 사회와 함께 문제를 해결해 주려고 애쓴 모습들이 보인다. 그는 이들 학생들이 지니고 있는 배경에는 분명한 이유가 있음을 이 책을 통해 증언하고 있다.

이 수필집은 학생들의 문제를 함께 나누려는 것은 학교사회사업가의 모든 것을 요구하는 풀기 힘든 문제임을 숨김없이 보여주고 있다. 음주, 흡연, 정신질환, 학업부진, 성폭력, 학대, 빈곤, 자살 등 꽃다운 청소년들의 삶의 고통과 생사를 넘나드는 고민들에 직면하면서 갖게 되는 자신의 분노, 슬픔, 절망, 무력감을 독자들과 함께 나누고 있다. 그럼으로써 왜 학교사회사업이 필요한지 더욱 절실히 느끼게 해 주며 자신의 확신을 사회에 전달하려는 목적성을 갖고 있다고 할 수 있다.

그는 그가 겪은 어려움을 고백하여 "나는 세상에 존재하지 않는 일(학교사회사업)을 한다."고 말한다. 그는 정립되지도 않은 학교사회사업, 아무도 인정해 주지 않는 학교사회사업, 미래가 막막한 학교사회사업을 선택한 자신의 의지와 그 과정에서의 좌절과 희망을 소재로 삼고 있다. 그가 확신을 가진 학교사회사업이란 먼저 학생들을 무조건 사랑해야 한다는 가치관과 신념들이다. 그는 애써 학교사회사업이 무엇인가를 독자에게 알리려고 하지 않지만 오히려 그것이 무엇인지 알든, 모르든 학교사회사업이 어떻게 학생들에게 영향을 주고 변화를 가져 오게 하는지를 보여주고 있다. 또한 이런 변화는 무조건적 사랑, 강한 인내심, 학생의 생명에 대한 존경, 끝없는 희생 등이 바탕이 되어 나타난다는 것을 그의 학교사회사업활동을 통해 보여주고 있다.

나는 사회사업을 전공하여 일생동안 학생들을 가르치다 은퇴한 명예교수로서 이 책이 학교사회사업을 공부하는 학생이나 현장에서 일하는 학교사회사업가들에게도 훌륭한 부교재가 될 수 있다고 본다. 그리고 학교 교사, 상담가, 학교행정을 맡으신 선생님들, 학부모, 청소년 학생들에게도 이 수필집은 학교사회사업이 학생들의 학업과 생활에 어떤 영향을 끼칠 수 있는지를 이해하는 데 크게 도움이 되리라고 본다. 이 수필집은 윤철수라는 한 인간의 인생과 삶을 통해 우리 사회가 문제를 지닌 학생들을 어떻게 이해하고 사랑할 것인가를 깊이 생각할 수 있게 해 주는 데 크게 도움을 줄 수 있다고 본다.

월드비전 회장
박종삼 씀.

# 차례

## 제3부 선생님! 경은이가 가출한 대요 /75



## 제4부 자! 가장 좋은 곳으로 /135

제 1 부

# 산타의 어릴 적 이야기

19

# 산타의 가슴 아픈 크리스마스 추억

사람들은 누구나 어린 시절의 추억과 기억이 있기 마련이다. 아이들은 황태자(내가 붙인 나의 별명)인 선생님에게도 가슴 아픈 크리스마스의 추억이 있다고 하면 의아해 한다.

"선생님도 그런 일이 있었나요?"

"선생님은 전혀 그런 일이 없을 것 같은데요… 전혀 저의 상황을 이해하지 못할 줄 알았어요."

"왜 그렇게 생각하지? 나의 외모가 좀 (돈이) 있어 보이나 보지?"

"그게 아니라 선생님은 선생님이잖아요. 그렇담 아무런 문제도 없이 공부했을 것이고, 부모님의 뒷바라지를 잘 받고 자랐을 것이고, 한 마디로 범생이로 자랐을 텐데 어떻게 우리 집 같은 콩가루 집안을 이해할까?란 말이죠."

아이들은 마치 어른들, 특히 선생님들은 아무런 어려움없이 훌륭한 학창시절을 보냈다고 생각한다. 그래서 선생님들과 그렇고 그런 이야기를 하지 않으려 한다. 게다가 그런 이야기를 하다가 도덕적으로 엄격한 선생님의 '그럼에도 불구하고 잘 참아야 한다'란 말이라도 듣게 되면 다시는 선생님들과 이야기하려고 하지 않는다.

이 이야기는 정말 친해지기 어려운 학생들에게, 혹은 어른의 한 사람으로 나를 경계하는 아이들에게 해 주었던 나의 어릴적 이야기이다.

우리 집은 무악재 고개 옆 산기슭에 높이 솟아 있는 위험한 3층집이었다. 그래서 우리는 천둥 번개가 치는 날이면 마당에 나가지도 못하고, 집의 전열기는 모두 그 코드를 빼어야 안전했으며, 어머니는 밖에 있는 화장실도 가지 못하게 하셨다.

그러나 나는 우리 집을 매우 좋아했다. 어린 마음에 나는 우리 집이 동네에서 가장 높은 3층집이고 주변의 집들은 저만큼 아래에 있었기에 우리 집이 가장 부자라고 생각했다. 게다가 우리 집은 다른 집에는 없는 옥상까지 있었다. 비록 그 옥상은 턱이 30센티미터도 되지 않는 매우 낮은 턱만 있고 난간과 같은 안전장치 하나 없는 매우 위험한 옥상이었으며, 옥상으로 올라가는 간이 철제 계단은 위에서 내려다보면 밑이 다 보일정도로 삭았고, 그런 계단의 위태로운 자태는 금방이라도 무너질 것만 같았다. 또한, 그 계단의 옆으로는 일반 5층 높이의 낭떠러지만이 있을 뿐이었다.

그렇지만 나는 옥상으로 올라가는 것을 참 좋아했다. 어머니 몰래 늦은 밤에 옥상으로 올라가면 누군가가 밤하늘에 뿌려놓은 반짝이는 별가루라고 생각했던 은하수를 볼 수 있었다.

그러나 내가 옥상이 있는 높은 우리 집을 좋아했던 진짜 이유는 산타할아버지가 우리 집에 가장 먼저 올 것이라는 생각 때문이었다. 우리 집은 하늘에서 가장 가깝고 또한 산타할아버지가 찾기도 쉬울 것 같았다.

나는 산타할아버지가 분명 있다고 믿었다. 여섯 살 때인가 일곱 살 때인가… 확실히 기억은 나지 않지만 내가 산타할아버지의 선물을 너무나 받고 싶어한다는 것을 눈치채신 어머니는 주로 당신의 말을 듣지 않을 때나 아니면 무리하게 떼를 쓰면서 무엇인가를 사달라고 할 때면 줄곧

"너 그러면 산타할아버지가 선물을 주시지 않는다!"

"반찬 투정하면 산타할아버지는 선물을 주시지 않는다."라는 엄포를 하셨는데, 그럼 나는 이내 어떠한 행동이라도

"네! 알았어요."라고 대답하면서 착하고 얌전해졌었다.

나는 정말로 착하게 지냈다. 그 이유는 언제부터인지는 잘 모르겠으나, 내가 '착하다'는 말이 가장 훌륭한 칭찬이라고 그냥 받아들인 이유도 있었지만, 진짜 이유는 일단 산타할아버지에게서 선물을 받고 싶었던 것이다. 그러던 중 어느 때의 일이다.

난 산타할아버지로부터 진짜 받고 싶었던 것이 있었다. 그것은 내가 타고 다닐 수 있는 운전대가 있는 장난감 자동차였다. 성탄절이 오기 며칠 전날 밤부터 나는 잠자리에 들기 전에 이렇게 기도를 하고 잠에 들었다.

"하나님 저는 친구들을 때리지 않았고, 엄마 아빠 말씀도 잘 들었고, 나쁜 말도 하지 않았어요. 그리고 반찬투정을 하지 않았고, 밥도 잘먹었어요. 저는 정말로 자동차가 갖고 싶어요. 그러니 선물로 꼭 주셔야 해요."

당시 그 자동차를 타고 다니는 아이는 동네에 딱 한 명이었는

데, 난 그 아이가 가장 부러웠다. 그래서 기도를 하면서 분명 하나님은 산타할아버지를 시켜 내가 원하는 자동차를 선물로 주실 것이라는 희망과 설레임 그리고 행복을 꿈꾸며… 혼자서 씨익 웃으면서 잠자리에 들었다.

그러나 다음 성탄절날 아침, 눈을 뜨자마자 머리 위에 있는 양말을 바라보았는데, 양말 안에는 자동차는 고사하고 사탕 한 개도 없었다. 식구들 중에서 가장 먼저 일어나 선물이 없는 것을 확인하고는 잠을 못이루고 뒤척이다가 그만 엄마한테 들키고 말았다.

"왜 안자고 일찍 일어났니? 왜? 철수야 울고 있니? 왜 울어? 어디 아프니?"

"산타할아버지가 선물을 주시지 않으셨어요. 착한 일을 많이 했는데…."

그랬더니 어머니는 잠시 말을 잊고 계시다가

"그러니? 그럼 내년에는 더욱더 착한 일을 많이 해야 할 것 같구나. 너 지난 번 누나와 밥상 앞에서 싸웠던 것 기억나니? 아마 그것 때문이 아닐까 한다. 철수야 실망하지 말고 내년에 더욱더 착한 일을 많이 하면 꼭 선물을 받을 수 있을거야."

흐느끼던 나는 어머니로 인해 겨우 안정이 되었고, 작은 가슴에는 1년 동안 더욱더 착한 일을 하여서 선물을 꼭 받겠다는 희망을 품게 되었다. 그리고 진짜 열심히 착한 일을 하였다. 아버지의 구두뿐만 아니라 신발정리를 똑바로 하였고, 아침에 일어나서 혼자서 세수도 잘 하였고, 가장 먼저 일어나기도 하였다. 그리고 누나에게 먹고 싶은 김치도 많이 양보하기도 하였으며, 그리고 친구들이 놀리더라도 참기만 하였다.(지금 생각하면 얼마나 선물을 받고 싶었으면 그랬을까 싶다. 어리고 어린 나이였는데….)

그리고 다시 12월이 되었을때, 나는 외할머니의 안마와 누나의 숙제를 대신 해 주기까지 하였다. 그러나 그해 12월. 집안 사정은 더욱더 좋지 않았다. 그 당시 우리 아버지는 밖에 나가서 일을 하시는 날보다 집에 그냥 계시는 날이 더욱 많았던 것 같다.

난 하루종일 집에만 있는 아버지가 이상했지만, 아버지와 어머니가 서로 싸울 때의 무서움과 가끔가다가 김치만(그것도 매우 조금) 밥상 위에 올라오는 것을 빼곤 별로 불편할 것이 없었다.

드디어 성탄절 날 아침이었다.

그날도 어느 누구보다도 일찍 일어나 눈을 뜨기 전에 설레이는 마음으로, 선물이 있는지 없는지를 살펴보기 위해 머리맡에 손을 올려 보았다. 손에 닿는 부분은 플라스틱으로 만들어진 타고 다닐 수 있는 자동차. 그것을 기대하고 더듬어보았지만 그러나 거기에는 아무 것도 없었다.

나는 그 순간 벌떡 일어나서 어머니에게 울면서 소리쳤다.

"앙! 왜 산타할아버지는 나에게 선물을 주시지 않는 거야. 도대체 왜? 산타할아버지 나빠! 엉~엉."

"뭐야! 아침부터 재수없게 울어? 뚝 안그쳐?"

이때에는 아버지의 무서운 말도 나의 울음을 완전히 그치게 하지는 못했다. 무서운 엄포가 별로 소용이 없다는 것을 알게 된 아버지는

"왜 재수 없게 아침부터 울고 난리야! 에잇 신경질나!" 하시며 내복 위에 주섬주섬 옷을 대충 입고 나가셨다.

"도대체 왜 이래?" 하면서 나를 때리는 어머니.

"아얏! 왜 때려. 왜 때리냐구! 엄마도 나빠! 으앙."

아침에 일찍부터 고래고래 소리를 지르며 어머니의 손을 피해 혼자서 씩씩거리며 울고 있었는데, 어머니는 나를 쫓아오지 않으시고 가만히 울고 계시는 것이 아닌가.

분명 맞기는 내가 맞았는데, 울기는 어머니가 더 서럽게 우는 것 같았다.

어머니가 우는 모습이 너무나 안쓰러워 난 이내

"엄마 울지마. 내가 잘못했어. 울지마." 하면서 어머니 곁으로 다가갔다.

조그마한 방 한쪽 옆에서 자고 있던 누나도 일어났다.

어머니와 함께 울면서 나는 '산타할아버지는 참 나쁘다. 나는 나중에 산타할아버지가 되어야지. 그래서 나같이 착한 아이에게 선물을 많이 주어야지.' 라는 마음을 먹었던 것이 아직도 기억에 생생하다.

아버지가 별다른 직장 없이 힘겹게 지내야 했던 우리 집은 산타할아버지조차도 외면하였다. 우리 집은 정말로 산타할아버지의 선물이 너무나도 필요한 곳이었음에도 산타할아버지는 우리 집에는 오시지 않으시고 부잣집에만 다녀가셨다.

뒤늦게 안 일이지만 그때 우리 집의 산타는 선물은 고사하고 변변히 먹을 것도 제대로 먹일 수 없어 가슴 아파했던 그런 젊은 산타였던 것이다.(당시에 얼마나 가슴이 아프셨는지 지금까지도 장성한 당신의 자녀들에게 산타의 선물을 나눠주시며 그때를 위로하고 계신다.)

25

# 산타의 가족 이야기

학교사회사업가로 있을 때 만난 아이들 중에서 자신의 아버지나 어머니를 존경한다고 말하는 아이들은 극히 소수에 불과하였다. 아니 존경까지는 안 되더라도 '좋아한다' 고… 부모님을 '사랑한다' 고 말하는 학생들도 그리 많지 않다. 흔히 문제아, 날라리(난 이런 아이들이 참 좋다. 이들에게는 삶의 에너지와 용기가 있다.)라는 아이들에게 비춰지는 부모의 상(像)은 미움의 대상을 넘어 '그냥 잊고 지내고 싶은 그런 존재, 나와는 상관이 없는 타인' 으로 자리매김이 되어버린 경우가 많았다.

나중에 사회사업을 공부하게 되어서야 비로소 청소년인 학생들만이 아닌 대다수 성인들도 부모들과 해결되지 않은 심리적 문제를 안고 살아가는 사람들이 많다는 것을 알게 되었다.

그때까지만 해도 나 또한 그런 사람들 중에 하나였기 때문에 아마도 자녀들에게 '가장 존경하는 인물이 바로 우리 아버지! 어머니!' 라는 말을 듣는 부모라면 이 세상에서 가장 행복한 부모일 것이며, 자신의 부모를 가장 존경하는 사람이라고 말할 수 있는 자식들 또한 그 얼마나 행복한 사람들인가 하며 부러운 마음을 가졌었다.

그러나 이제 누군가가 나에게 "세상에서 가장 존경하는 사람이 있느냐."고 물어본다면 나는 자신 있게

"네 있지요. 바로 저희 아버지이신걸요."

라고 이야기한다.

이렇게 내가 뒤늦게 우리 아버지를 존경하고 사랑하게 된 이야기를 하자면 행복하지 않았던 우리 가족의 이야기를 하여야 한다. 내가 여기서 나의 개인적인 가족 이야기를 하려는 이유는 청소년기에 가정환경이 아이들에게 얼마나 큰 영향력을 미치게 되며 또한 이러한 청소년기의 사건이 평생 동안 인생에 엄청난 영향을 준다는 것을 이야기하고 싶어서이다. 그리고 더욱 중요한 것은… 어쩔 수 없이 그러한 환경에 처한 아이들에게 그러한 환경을 환경탓으로만 돌리지 말고 내가 한 것처럼 극복할 수 있는 기회가 있다는 것을 말해 주고 싶고 '너희들과 같은 환경이었던 나는 지금 이렇게 행복하게 살고 있다'는 희망을 주고 싶기 때문이다.

이제 이 산타가 미워했던 아버지와 그로 인해 불행했던 산타의 어린 시절과 그 아버지를 용서하기까지의 이야기를 해야겠다.

우리 집에 대한 기억은 기쁘고 즐거운 것보다는 눈치보고 우울한 분위기가 아직도 더 생생하다. 나의 기억에는 아버지와 어머니는 자주 다투셨던 것 같다. 두 분이 주로 다투시는 이유에 대하여 한 번도 이야기를 해 주시지 않았으니까 잘은 모르겠으나(지금 생각하면 이야기를 해 주지 않으신 것이 매우 다행한 일이리라.) 중요한 것은 두 분이 자주 다투시는 일이 많았다는 것이다. 그리고 심하게 다투시면 무력충돌이 불가피하게 되었다.

물론 아버지와 어머니는 자녀들이 보는 앞에서 싸우는 모습을 많이 자제하시려는 노력도 보였지만 단칸방이라는 공간에서, 또한 함께 공유하는 시간 속에서 그러한 자제의 노력만으로는 자녀들이 살벌한 분위기에서 안정감을 갖기에는 너무나 역부족이었다.

그러던 어느 날 내가 중학교 3학년 때의 일이었다. 중간고사를 치르고 있는 기간 중에 아버지와 어머니가 안방에서 심하게 다투시는 소리를 듣게 되었다. 나는 그 소리가 너무 듣기가 싫었지만 점점 심하게 들리는 소리에 안방문을 열어 보았다. 그랬더니 아버지의 그 크고 묵직한 손이 어머니의 얼굴을 때리려는 찰라였다.

순간 나는 너무나 화가 나서 안방에 있는 집기를 부수고 소리를 지르면서 너무나도 흥분을 하였다. 그래도 분이 풀리지 않아서 안방의 문을 손으로 내리치고 소리를 쳤다

두 분도 싸우다 말고 넋이 나간 모습으로 나를 쳐다보았다. 아마도 착한 어린아이라고 생각했던 아들이 분개하며 화를 내며 패륜아적 행동을 하는 것을 보면서 놀랐을 것이다.

"그만 싸우란 말야! 도대체 공부를 할 수 있어야지, 왜 엄마를 때려? 아빠가 싫어."라고 말하면서 처음으로 눈에 힘을 주며 아버지에게 대들었다.

나는 다른 것에 대한 충분한 이해를 뒤로 하고 힘이 강한 아버지가 힘이 약한 어머니를 때린다는 사실 자체만으로 아버지를 용서할 수 없었다.

그 이후 아버지는 김일성(당시에는 살아 있던 북한의 지도자)보

다도 싫었고 어머니는 마법의 성에 갇힌 공주보다도 더욱더 보호해야 할 대상으로 생각하게 되었다.

그러면서 아버지와는 더욱더 멀어졌고 아버지도 나와는 쑥쓰러우신지 별다른 말도 없었고 특별한 교류가 없었다. 그날 이후 나는 어머니가 매우 불쌍하게 보였다. 그래서 어머니의 일을 도와드리기 위해서 나의 모든 것을 희생하기를 기꺼이 하게 되었다.

예를 들면 기말고사가 시작되는 기간에도 어머니가 김장을 하시게 되면 시험공부보다는 어머니의 김장을 도와드리기가 우선순위 1위였다.

이러한 나의 습관은 오히려 어머니에게 기쁨을 드리기보다는 자꾸 성적이 떨어져 가는 걱정만을 남겨드리는 결과를 가져오고 내 평생에 가장 후회스러운 일로 자리매김되어 있었다.

물론 이렇게 하면서 나의 성적은 계속 떨어질 수밖에 없었고 우리 집의 평화는 거의 머나먼 남쪽나라의 이야기가 되어버렸다. 학교에서도 생활하기가 매우 어렵고 힘들었다. 먼저 가정에서 어려움이 있으니 학교 공부는 전혀 생각나지 않았고 아니 학교의 공부가 별다른 의미가 없었다.

모든 선생님이나 주변 친구들이 나를 바라보는 눈이 예사롭지 않았다. 특히 선생님들은

"저 녀석 요즘 왜 이래? 무슨 문제 있나?"

"한 번 내려간 성적은 다시는 회복되지 않아, 쟤는 이젠 글렀어, 쯧쯧…."

모든 선생님들이 나에게 이렇게 이야기를 했다. 그러나 중학교 3학년 때의 담임 선생님이신 정천우 선생님(실명)만은 나를 다르게 대해 주셨다.

“윤군! 자네는 할 수 있어. 그리고 난 자네를 믿네!”

이런 말을 만날 때마다 하셨다. 처음에는 왜 그렇게 듣기 싫고 거북했던지… 그러나 그러한 말은 나에게는 나중에 큰 힘이 되었다.

중학교를 마치고 고등학교에서 나의 학교생활은 더욱더 말이 아니었다. 더욱더 떨어지는 성적, 그리고 계속되는 가정의 불화! 마침내, 욕을 입밖에 한 번도 내뱉지 않았던 내가 가출을 생각하게 되었었다.

“그래 가출을 하자! 내가 가출을 하면 엄마와 아빠는 나를 찾으며 울면서 후회하겠지?

그래야 내가 얼마나 소중한 존재인지도 부모님께 보여주고… 그러면 더 이상의 싸움도 하지 않겠지? 그래 하자! 근데 나가서 난 무얼하지? 에잇 모르겠다. 그냥 하자.”

라고 결심을 하기도 하였다. 그런데 사실 나는 어떻게 해야 할지를 몰랐었다.

그러던 어느 날 또다시 아버지와 어머니가 심하게 다투시던 그 다음날 나는 결심했다.

“그래! 나가자!”

그런데 그날 난 학교에 와버렸다. 그러나 학교에서 도저히 괴로워서 견디지 못하는 순간 아침 자율학습시간을 이용하여 난생 처음으로 담치기(담을 넘는 행위)를 정신없이 하고 앞으로 막 나서는 순간 저쪽에서 오시는 정천우 선생님이 나를 부르셨다(선생님은 나와 같은 고등학교로 부임하셨다).

“이봐 윤군! 자네는 할 수 있잖아! 왜 포기하나 ! 자 따라 들어와!”

하시면서 먼저 앞서가셨다.

'이젠 죽었구나!' 하면서 학교로 따라 들어가니 선생님은 교문 안에서

"이따가 나 좀 봐!" 하면서 "난 자네를 믿네."라고 이야기를 하셨다.

정천우 선생님의 이 말 한 마디가 그 어떤 말보다도 너무나 무섭고 나에게는 큰 부담이 되었다. 선생님의 그 믿음에 찬 말 한 마디로 나는 그렇게 우여곡절을 겪으면서도 무사히 고등학교를 졸업했다. 그리고 대학에 진학하여 사회사업을 공부하였고 군대는 해병대를 다녀왔다.

군대를 제대하고서는 대학원에 진학하였다.

그 당시 나는 아직도 해결되지 않은 나의 가족의 문제로 고민하고 있었고, 나의 꿈도 중·고등학교에서 나와 같은 문제로 고민하는 아이들을 어떻게 하면 도와줄 수 있을까 하는 '학교사회사업가'를 꿈꾸고 있었다.

그러면서 여러 가지 각종 워크숍에 참석하게 되었는데, 어느 날은 노혜련, 최인숙 선생님이 진행하시는 〈가계도를 통한 성장집단〉에 참여하게 되었다. 그리고 우리 가정의 문제를 처음으로 이야기하였고 용기를 얻어 아버지와의 화해를 시도하게 되었다.

앞으로 청소년을 도와 그들의 문제를 들어주고 해결을 도와야 할 상담자가 자신의 문제를 해결하지 못하고는 진정한 상담자가 될 수 없다는 선생님의 말에 나는 용기를 내어서 아버지와의 문제를 해결하기로 하였다.

아버지는 일요일만 되면 산에 운동을 하러 다니셨다.

어느 날 아버지에게 내가 갖고 있는 마음을 털어 놓아야겠다

고 생각하고 아버지와 이야기하리라 맘을 굳게 먹고 함께 산에 따라 나섰다.

"너 어디가냐?"

라는 냉랭한 한 마디에 나도 모르게

"요 앞 가게요!"

라고 말하고는 살 것도 없으면서 가게로 갔다. 사실, 그때에는 돈도 없었다.

나는 3주가 지난 후 다시 시도를 하였다.

아버지를 따라 우장산에 올라가 운동하는 척 하면서 드디어 입을 열기 시작하였다.

"아버지 드릴 말씀이 있습니다. 이것은 꼭 들으셔야 합니다."

나는 나도 모르게 단호하게 말을 하였다.

"아버지! 제가 얼마나 힘들게 지내왔는지 알기나 합니까? 도대체 아버지는 제가 무엇을 어떻게 생각하고 느끼고 힘들어하는지 알고나 계세요? 아버지는 아버지로서 자녀에게 무엇을 하였고 무심코 내던진 말에 아들의 가슴은 얼마나 멍이 들었는지 모르세요?"

봇물이 터져 나오듯 쏟아지는 나의 울분은 그동안 효(孝)를 빙자하여 아무렇지도 않게 지내왔던 것이 아무렇지도 않은 것이 아니었다는 것을 깨닫게 했고, 이미 감정 통제를 할 수 있는 단계가 넘어버리고야 말았다.

한 20분이 지났을까?

아버지는 나의 이야기를 다 들으신 후에

"다 했니?" 라고 말씀하신 후

나를 와락 안으시고 나즈막히 말씀하셨다.

"미안하다."고

그러면서 나를 잡고 흐느끼셨다.

아버지도 흐느끼고 나도 울고, 이른 아침 산 위에서 남자 둘이서 부둥켜 안고

"엉엉" 울고야 말았다.

그 당시 주위를 지나가는 사람들은 의아한 눈으로 쳐다보았다.

한참을 울고 난 후 아버지가 너무나 다르게 느껴졌다. 그 순간 처음으로 아버지가 정말 나를 낳아주신 아버지라는 포근함이 느껴졌다. 그리고 내 일생에 가장 행복한 순간이었다. 산을 내려올 때에 아버지는 나의 어깨에 손을 얹고 내려왔다.

아마 아주 어릴 때 아버지께서 보여주신 스킨십 이후에 처음 있는 일이라고 생각되었다.

그때부터 아버지는 참으로 많이 달라지셨고 우리의 가정에도 많은 변화가 찾아왔다. 그리고 나도 이젠 아버지를 이해할 수 있으며 아버지를 사랑할 수 있게 되었다. 그렇게 아버지에 대한 미움을 털어놓고 자연스럽게 용서한 후 아버지와 나는 세상에서 가장 가까운 사이가 되었다.

지금 현재까지도 아버지는 나에게 가장 큰 힘이 되어주시며, 오늘날 나를 만들어 주신 나의 가장 든든한 지지자이며 또한 원조자이고 나를 사랑하시는 가장 귀한 분이다.

제 2 부

# 소록도에서 정한 나의 진로

35

# H여상에서

위에서도 말했지만 중학교 3학년 시절. 나는 참 많이 힘들었다. 그 당시 너무 힘들어서 가출하고 싶었고, 또한 가출 시도도 하였었다. 성적은 말할 것도 없이 떨어졌으며 주변의 모든 선생님들과 친구들은 나의 이러한 변화에 의아해 하였다. 그러나 이러한 것도 잠시, 곧 '그러한 아이'라고 인식이 되면서 나는 모두의 관심사에서 점점 잊혀져만 갔다.

나는 무엇보다도 나의 존재가 모든 사람들의 기억 속에서 사라지고 있다는 것이 견딜 수가 없었다. 정말 나도 옛날의 나의 모습을 찾고 싶었다. 옛날의 나로 되돌아가고 싶었다. 그러나 나의 의지와 희망만으로는 그렇게 되지 않았다.

모든 사람들이 '저 녀석은 공부를 잘 하는 아이였지만 지금은 아니다.'라고 이야기하였다. 그러나 중학교 3학년 때의 담임 선생님만큼은 항상 나에게 '윤군! 자네는 할 수 있네.'라는 말로 나에게 큰 위로와 힘을 주셨었다. 그때 그 말은 정말 나에게 큰 힘이 되었다. 나를 알아주는 사람이, 나를 인정해 주는 사람이 있다는 것만으로도 당시에는 내가 살아가는 충분한 이유가 되었던 것이다. 졸업을 하고나서도 난 정천우 선생님을 자주 찾아뵈었다. 나에게는 매우 중요한 분이셨기 때문에 나는 해마다 선생님을 찾아뵈었다.

선생님이 H여상 학생부장으로 학교를 옮기시게 되었고, 그러던 1993년 설날에 선생님댁에 찾아갔을 때, 요즘 학생들에 대한 여러 이야기들을 나누게 되었다.

선생님께서는

"요즘 학생들 다루기가 참 힘들어. 여학생들이라 때릴 수도 없고, 또한 아이들만 가지고 뭐라 할 수 없는 게 집안의 환경들이 너무나 큰 문제란 말이야. 부모들도 아이들을 버리고 도망가는 판에 학교에서 도움을 줄 수 있는 것이 없단 말야. 그럴 때가 교사로서 가장 가슴이 아파."라고 말씀하시면서 술잔의 맥주를 씁쓸하게 드셨다.

"저 선생님. 혹시 학교 안에 심리적, 경제적으로 어려운 학생들을 도와줄 수 있는 전문가가 있다면 어떠시겠어요?"

"그럴 수만 있다면 얼마나 좋겠는가? 좋은 사람 있나?"

"선생님. 제가 선생님의 학교에서 학생들에게 상담을 하면서 도와줄 수 있을까요?"

"그래? 어떻게?"

"교생으로 말이에요."

"교생? 몇 월에 나올 수 있는데?"

"선생님. 저희 학과는. 교생의 개념이 교육학과와는 좀 달라요. 사회사업학과는 일주일에 하루씩, 1년을 실습할 수 있어요."
(그런데 지금 생각해 보면 왜 1년이라고 말했는지에 대한 이유를 모르겠다. 깊은 생각을 한 것도 아닌데… 어쨌든 1년이라고 말했던 것은

잘 한 일이라고 생각된다.)

"그래? 길기도 해라. 그럼 내 교장선생님께 말씀드려보지."

이렇게 해서 처음으로 H여상에서 실습생의 자격으로 들어가서 활동을 하게 되었다. 보통 교생실습이라 하면 한 달을 정하여 월요일부터 토요일까지 지속적인 실습을 하는 것을 말하는데 여기에서 나는 사회복지의 실습원칙을 따라 일주일에 1일, 1년을 실습하게 되었다.

매주 화요일에 당시 대학원생에게서 유행하던 007가방을 들고 학교로 출근하여 학교의 상담실에서 상담의 업무를 하게 되었다. 그런데 그렇게 쉽게만 출발한 실습의 과정은 아니었다.

당시 나는 일주일에 한 번씩 학교에 출근을 하려 하면 꼭 통과해야 하는 관문과 절차가 있었다. 그것은 바로 수위아저씨와의 실랑이였다.

일주일에 한 번 오는 나를 이틀에 하루 근무하시는 수위아저씨들이 기억할 리 없었으며, 아저씨들이

"이봐요? 이봐? 어디가요?"

"상담실이요."

"거길 왜 가지요?"

"교생 실습인데요?"

"교생요? 잠시만요? 확인해 보고…."라고 하면서 정문에서 통제할 때마다 무수히 많은 이야기를 해가면서 상황을 설명해야 하였다. 그러다가 어느 날은

"이봐요? 어디가요?"

"교생인데요?"

"무슨 교생이 한달이 넘도록 다녀요? 게다가 매일 나오지도 않고, 당신 외판원 아니야?"

이렇게 해서 힘든 상황을 끝내고 나면 이젠 상담실에서의 생활이 기다린다. 내가 수업에 들어가지 않으니 대부분의 아이들은 내가 누군지 관심도 갖지 않으면서 상담실 밖에서 힐끔힐끔 쳐다본다. 또한 선생님들도 별다른 관심이 없다. 저 사람이 누군지, 뭐하는 사람인지 아무런 관심과 신경은 쓰지 않는다. 그냥 자신의 일들만 할 뿐이다.

첫번째 애국조회 때의 일이었다. 지금 생각하면 얼마나 가슴이 설레던지… 나도 선생님들처럼 학생들 앞에 서있겠지? 학교 다닐 때에 얼마나 부러웠는데… 그래서 방송으로 애국조회가 시작되니 모두들 운동장으로 집합하라고 할 때에 누군가가 함께 나가자고 할 줄 알았다. 아니, 나가야 되는 것인지 아니면 나가면 안 되는 것인지 어느 누구도 이야기해 주지 않았다. 내가 나가든지 나가지 않든지 애국조회는 시작되었다.

그때 나는 '어느 누구도 나에게 이런 일을 하라고 부여해 준 사회적 허가도 없는 상황에서 나는 이곳에 왜 와 있는가?'라는 질문에 스스로 대답을 찾는 것이 가장 고통스러웠다.

아침 조회가 시작되면 모두 각자 자신의 일을 한다. 선생님은 선생님 나름대로의 일을 하고, 학생은 학생 나름대로의 일을 하고….

나에게 무엇을 하라고 이야기를 하는 사람도 없으며, 무엇을 하지 말라고 하는 사람도 없었다. 한 마디로 무관심이었다.

그러나 무엇보다도 가장 견디기 힘들었던 사실은 수업시간에 혼자서 상담실에 있을 때였다. 모두가 수업을 하는 조용한 50분 동안의 시간에 학생들도 친하지 않았고 선생님들도 낯설고 모든 것이 어색한 3월의, 교무실에서의 아침시간은 그야말로 고욕의 시간이었다.

점심시간이 되어도 어느 누구도 함께 밥을 먹자고 이야기하는 사람이 없고 알아서 각자가 해결해야 하는 상황 속에서 무척이나 힘이 들고 외로웠던 기억이 난다. 그러나 시간이 흐르면서 친해지는 사람도 생겨나게 되었으며, 또한 친해지려는 작업도 무척이나 많이 하였다. 내가 아는 신문사 기자형과 그 학교의 처녀 선생님과의 미팅 주선 등등을 하면서 선생님들에게 가까이 다가가려는 노력도 하였다. 어떤 선생님은 아무런 관심도 없었고, 어떤 선생님은 학교사회사업가의 활동이 마치 담임의 역할을 빼앗는다고 생각하시면서 매우 불쾌해 하시는 선생님도 계셨다.

그러나 정말로 가장 힘든 것은 선생님의 불쾌감도 아니요, 수업시간에 혼자 있어야 하는 것도 아니고, 나를 아는 학생이 없어서 외로운 것도 혼자서 밥을 먹어야 하는 것도 아니었다. 그것은 아무도 나를 반기지 않는 곳에서, 아무런 존재 의미를 느끼지 못하는 상황에서 그 의미를 찾고 내 존재를 혼자 찾아가야 한다는 점이 가장 힘들고 외로운 일이었다.

지금도 물론 그렇지만 대부분 선생님들이 학교사회사업이란 무엇인지, 아니 학교사회사업이란 말조차 들어보지 못하였던 시기였고, 지금처럼 교직원회의나 직원 연수 때에 학교사업에 대한 소개를 하지도 못하였던 시기였다. 어느 누구도 나에게 관심을 보이지 않았고, 나 자신조차 내가 무엇을 할지도, 아니 누구인지도 몰랐을 때, 그때가 너무나 힘들고 외로웠다.

그럼에도 불구하고 시간이 지나니까 아이들이 찾아왔다. 그러한 아이들 중에는 친해지는 아이들도 있었고, 상담에 매우 불만스러운 아이들도 있었다. 또한 내가 학교의 선생님이 아니라는 점을 알아서 매우 거침없이(예의 없이) 나를 대하곤 하였다.

그래도 학교는 아이들이 있는 곳인지라 오며 가며 만났던 아이들 중에는 나름대로 나의 팬클럽이 있었다. 그러나 이것도 7월이 다 지나고 나서야 생겨났으며, 어쨌든 나에게는 3월부터 6월까지 3개월 동안은 매우 아프고 힘든 나날들이었다. 학교사회사업의 시작은 이렇게 힘겹게 태동하였다.

# 영신이의 싸늘한 눈은 분명 거짓이었으리라

여름 방학이 지나고 2학기가 시작되자 선생님이 학생의 상담을 의뢰하는 일도 생겨났고, 아이들이 스스로 상담을 하기 위해 찾아오는 일도 생겨났다.

하루는 영신이의 담임 선생님이 상담실에 오셔서 의뢰할 아이가 있다고 하시면서 영신이 이야기를 하였다. 일단 담임 선생님을 만나 기본적인 정보를 얻게 되었고, 학생을 자신의 수업시간에 내보내 상담을 하기로 했다. 그렇게 영신이를 만나게 되었고, 영신이는 나와의 첫 만남에서부터 자신의 이야기를 서럽게 울면서 쏟아내기 시작하였다.

영신이의 아버지와 어머니는 자주 다투셨다. 그러다가 어느날 매우 심하게 다투시고 나서 동생과 영신이를 두고 모두 집을 나갔다. 그래서 아무런 준비가 되어 있지 않은 채 영신이는 동생의 보호자로서 살아가고 있었다. 이러한 환경 속에서도 굴하지 않고 꿋꿋하게 자신과 동생을 지켜나가려는 영신이의 모습이 너무나 예쁘게 보였다. 난 이러한 영신이의 예쁜 모습을 스스로 발견하게 해 주면서 정서적인 지지를 해주었다. 정말 영신이는 격려와 칭찬을 받을만한 자격이 있는 아이였다.

그 후로 영신이는 상담실에 자주 놀러오게 되었고, 서로 편지도 주고 받으면서 급속히 가까워졌다. 나를 따르는 영신이가 싫지 않았고, 또한 담임 선생님도 영신이가 최근에 많이 밝아졌다고 하면서 매우 기뻐하였다.

그러던 어느날. 영신이가 학교에 나오지 않았다. 집에 연락을 하니 동생도 모르겠다고 말하면서 현재는 이웃집 아주머니가 와 계시다고 하면서 걱정을 하였다.

내가 두 번이나 더 학교에 왔는데도 영신이가 오지 않은 것으로 보아 약 2주가 넘게 소식도 없이 무단결석을 하게 된 것이 불안하기 시작하였다. 그러던 어느날 학교에 있는 나에게 전화가 왔다.

"선생님! 죄송해요. 그러나 너무나 급하게 되어서 연락드릴 틈도 없었네요. 선생님 정말 죄송한데요, 지금 돈이 급하게 필요해요. 돈을 좀 빌려주시면 안 될까요?"

"그래? 그래도 연락이 되어 다행이다. 일단 만나자. 얼마나 필요한데?"

"선생님, 20만원이 필요해요. 정말 꼭이요."

'돈을 좀 빌려달라고? 원래는 돈을 빌려주면 안 되는데… 근데 얼마나 급했으면 나에게 부탁을 할까? 그래도 나에게 부탁을 하니 다행이네… 나에게는 연락이 왔으니… 일단 준비하고 나서 학교를 다닐 수 있도록 해 줘야지.' 라고 생각을 하였다.

그리고 그 당시 20만원이라는 큰 돈을 준비해서 약속장소로 나갔다.

약속시간은 밤 10시 40분이었고 약속한 장소도 학교 앞, 공터가 가까운 곳이었다. 그곳으로 나가보니 영신이는 청바지에 점

퍼차림으로 있었다. 나는 반가와서

"영신아~ 나야!"라고 외치면서 다가갔다. 그랬더니 영신이는 저쪽 그늘로 숨는 것이 아닌가. 가까이 가서 보니 나를 바라보는 영신이의 눈이 평소와는 달랐다. 너무나 이상해서

"영신아! 어떻게 된거니?"라고 하면서 다가가자

"더이상 나를 영신이라고 하지마요." 하면서 영신이는 뒤로 물러났고, 어둠 속에서 10대들로 보이는 덩치 큰 녀석들 7~8여 명이 손에 무엇인가를 들고 나오는 것이 아닌가.

순간 위협감을 느끼며 주춤하는데 사방에서 치고, 받고, 정신이 없었다. 언제 내가 쓰러지고 언제 내가 정신을 잃었나 모르겠다. 깨어났을 때에는 주머니에 있는 지갑은 없어졌고 옷도 만신창이가 되어 버렸다. 순간 매우 서글펐다.

'어떻게 이럴 수가 있단 말인가. 심지어 미물인 개들도 자신에게 먹이를 주는 손은 물지를 않는다는데, 어떻게 사람이 이럴 수가 있을까. 게다가 영신이는 나와 상담을 하였던 내 클라이언트가 아니었나. 아이들에게 진실은 통하지 않는다는 말인가.'

참으로 절망적이었다. 누군가에게 폭행을 당했다는 것이 나로 하여금 절망스럽게 만드는 것이 아니라 '진실은 언제나 통한다.'라는 나의 신념이 무너지는 것, 그것이 더욱더 나를 절망의 골짜기로 내몰고 있었던 것이다.

이후에 영신이는 더욱더 연락이 없었다. 돈이 더이상 필요하지 않았든지 아니면 너무나 미안해서 연락을 할 수 없었던 것인지를 알 수는 없다.

나는 영신이의 담임 선생님에게도 이 이야기를 말할 수가 없었다.

얼마 후 영신이의 담임 선생님께서

"영신이 있잖아요. 어제 정리했어요. 그동안 많이 신경 써 주셨는데… 고맙고 죄송스럽네요. 알려드려야 할 것 같아서요."

"아! 그래요… 안타깝군요."

단 두 번의 대화로 인해서 영신이에 대한 모든 것이 정리되었다. 그 이후로 나는 어느 누구에게도 영신이의 이야기를 다시는 하지 않았다.

이 이야기를 아는 사람들은 그리 많지 않다. 왜냐하면 지금도 생각만 한다면 너무나 힘들고 괴로운 일이니까. 그러나 확실한 것은 영신이는 분명 더 괴로웠을 것이다. 아니 나보다도 그때의 일을 더욱더 잊지 못하고 있을 것이리라. 내가 고집스러울 정도로 영신이가 더 괴로웠다고 확신하는 것은 사실 내가 조금은 덜 괴롭기 위함이다.

# 자신의 머리털을 뽑는 미선이

그래도 약 넉 달 정도가 지나고 나니 선생님들께서 조금씩 관심을 보여주셨다. 여기서의 관심은 학생들을 나에게로 의뢰해 주셨다는 것이다.

어떤 선생님이 자신의 반 학생을 의뢰해 주셨는데, 아뿔싸! 그 아이를 보는 순간 너무나 깜짝 놀라고 말았다. 그 아이의 머리에는 머리카락이 몇 가닥 밖에는 없었다. 그래도 놀라지 않은 척 하면서 힐끔힐끔 쳐다보았다. 여학생들에게는 머리카락이 생명일텐데… 어디가 아픈가보다. 그렇다고 해도 모자는 쓸 수 있을 텐데 왜 쓰지 않았을까? 등등 미선이를 바라보는 짧은 순간에 여러 가지 생각이 한꺼번에 들었다.

좀처럼 말을 잘 하려고 하지 않는 미선이에게 몇 마디의 말을 시켜 보았지만 여간해서 반응을 하지 않았다. 한 시간 내내 미선이가 보여준 반응이라고는 나의 백 마디의 농담에 단 한번 '피식' 하고 웃는 웃음뿐이었다.

주변에서 얻은 정보로는 집에서 엄청난 스트레스를 받고 있다는 것밖에는 별다른 정보가 없었으며, 친구들도 별다른 정보가 없다는 것이다.

세 번째 만나는 순간 겨우 미선이는 말을 하기 시작하였다.

아버지는 하반신 장애인이라고 하였다. 그러나 아버지는 자신을 매우 미워하여 집에 함께 있으면 밥도 먹지 말고 방에서 나오지도 말라고 하면서 술을 많이 마신다고 하였다. 술을 많이 마시게 되면 미선이를 때리고 냉장고도 열지 못하게 한다는 것이다.

어머니는 새벽에 나가서 일을 하시고 밤 늦게나 되어서 들어오시고 오시자마자 집안일이 잘 되어 있지 않으면 자신에게 심하게 화를 내면서 욕을 한다는 것이다.

그럴 때면 너무나 속상하고 힘이 들어서 자신의 방에 앉아서 머리를 하나씩 뽑게 되었다고 하였다. 어느덧 하나씩 뽑은 것이 책상 앞에 수북히 쌓여 있는 자신의 머리카락을 보면서 자신도 매우 놀랐으며 '다음부터는 그러지 말아야지.' 라고 하면서 굳게 마음을 먹기도 하였지만 어느덧 자신도 모르게 손이 머리 위로 올라가 있는 것을 보고 깜짝 놀라기도 했다는 것이다.

"가발을 쓰면 어떻겠니?" 라는 제안에

"가발을 쓰면 아빠가 싫어하고 막 때려요."

이러한 이야기를 듣고 나는 너무나 안타까웠다. '다른 아이라면 이러한 상황에서는 분명히 가출을 하여도 몇 번을 하였을 텐데… 어떻게 그러한 박대를 당하면서 가만히 집에 있을 수 있을까.' 라고 생각하였다. 그러나 어쨌든 미선이는 자신의 틀에서 스스로 벗어나지 못하고 있었다.

그런 미선이를 보면서 예전에 본 씨티 오브 조이(City of joy)란 영화가 생각났다. 인도의 상류계급인이 최하계급인 크샤트리아

인을 심하게 대하는 인권유린 현장을 본 영화의 주인공, 페트릭 스웨이지는 그 상류 계급인에게 항변하였다. 그 때 그 탐욕스러운 지배계급은 이렇게 말을 하였다.

"앉아 있는 닭에게 조그만 굴레를 목에 씌우면 스스로 일어나려다 목에 무언가가 눌리어 있다는 것을 알고 일어나지 못하지요. 그러다 목의 굴레를 벗기면 어떨까요? 그래도 일어나지 못하지요. 일어나려는 생각이 아예 없는 거예요. 이들은 닭과 마찬가지로 스스로 할 수 있는 것이 아무 것도 없어요. 그래서 누군가는 돌봐주어야 하지요. 이들은 그러한 근성을 지니고 있단 말이오. 의존하는 근성을…."

물론 닭이 일어나지 못하는 물리적 한계, 동물과 사람과의 근본적 차이 등으로 동일하게 비교할 수는 없지만, 우리는 우리 스스로의 굴레를 가지고 있다고 생각한다. 그러한 굴레는 스스로 벗어버릴 수 있지만, 어떠한 이유로 인해 우리는 쉽게 그럴 수 없는 것 또한 우리 모두의 일반적 두려움이다.

그러나 사실 이러한 일반적 두려움은 극복될 수 있다고 본다. 나는 미선이가 자신의 두려움을 극복하도록 도와주고 싶었다. 미선이는 가정환경에 대한 심한 스트레스를 갖고 있어서 대인관계 기피까지 보였던 아이이다.

미선이의 말을 들으면서 처음에는 미선이 아버지와 어머니를 만나기 위해 가정방문을 가야겠다라는 생각이 들었지만 가정방문에 대해서 미선이가 결코 원하지 않았고, 또 학교에서 가정방문을 가면 그 이후 미선이에게 닥칠 엄청난 영향은 불을 보듯 뻔하였다. 그래서 일단 미선이가 얼마나 준비되었는가에 따라

진행할 수 있도록 개입의 완급을 조정하였다. 미선이가 자신을 발견할 수 있도록 하며, 대인관계에 대한 두려움을 없애고 관계를 맺을 수 있도록 하는 것이 최우선 목표였다.

한 달이 지나고 두 달이 지나면서 미선이는 나와 눈을 마주보며 이야기를 하는 일이 많아졌다. 자신의 이야기를 눈물로 말하기도 하였고 그리고 웃고 먼저 말을 거는 일, 쉬는 시간과 점심시간을 이용하여 친구와 함께 찾아오는 놀라운 일까지 빌어졌다. 그래서 구체적으로 가발을 거론하며 아버지에게 가발을 쓸 수 있도록 도와달라는 말을 해 보자고 하였고 몇 차례의 실패를 거듭한 끝에 드디어 미선이와 만난 지 3개월이 조금 넘은 어느 날. 미선이는 전혀 다른 모습을 하고 내 앞에 나타났다.

자신에게 어울리는 가발을 쓰고서 자랑하고 싶어서 내 앞에 나타난 것이다. 아버지에게 당당히 가발을 사달라고 하였고, 그러한 자신의 주장에 아버지는 깜짝 놀라면서 가발을 사주셨다고 하였다. 그러면서 미선이는 무엇인가를 해냈다는 그러한 자신감으로 가슴벅찬 그 감동으로 나의 앞에 서서 자신을 봐달라고 하였다.

그때 미선이의 모습이 얼마나 예쁘고 기특하고 멋져보였는지 지금도 기억이 생생하다. 미선이는 가정방문은 갈 필요가 없어졌다고 하였고, 이젠 도움이 필요할 때 자신이 찾아오겠다고 하였다.

불과 3개월이 조금 넘는 동안 미선이는 훌쩍 커버렸으며, 예전에 자신의 세계에 스스로를 가둬두며 살아가는 그런 나약한 미선이가 아니었다. 물론 나도 기쁜 마음으로 미선이를 떠나보낼 수 있었고, 다시는 힘들어하며 학교사회사업실에 찾아오는 일이 없기를 바랬다.

(나중에 알고보니 미선이는 발모광(trichotillomania)에 가까운 증상을 보였던 것 같다.)

# 군인의 딸

은영이는 2학년에 올라와서만 결석일수가 38일이나 되었다. 은영이가 의뢰되어 온 시기는 6월 말이었다. 약 3개월 동안 거의 출석보다는 결석이 많았다. 1학년 때에도 부모님의 극성과 열성으로 아슬아슬하게 겨우 진급을 하였다고 들었다.

담임 선생님은 은영이를 퇴학시키려고 하다가 마지막 한 번이라는 생각으로 나에게 상담을 의뢰하였다.

그러나 의뢰를 받았어도 매우 막막하였다. 일단 아이가 학교에 나와야 말이지… 학교에 나오지 않은 상황에서는 별 수가 없었다. 그렇게 의뢰를 받고도 3일이나 지나서야 담임 선생님이 아이를 데리고 왔다. 이곳에 오기 전에 많이 혼이 났었나 보다.

울면서 찾아온 아이에게 일단 편안함과 자유로움을 주었다. 훌쩍거리는 은영이는 아무말도 하지 않고 앞에 앉아 있는 나를 의식하더니 갑자기

"상담 안 해요?"라고 이야기를 먼저 하였다.

"음! 많이 슬픈가 본데 아직 은영이가 말할 준비가 되지 않은 것 같아서 기다리고 있단다. 이야기를 하고 싶으면 하고 은영이가 하기 싫으면 하지 않아도 돼. 은영이에게 상담을 할 수 있는

권리가 있거든"

"네? 안 해도 되요?"

"음. 원하지 않으면 하지 않아도 돼. 선생님은 은영이가 학교에 다니고 싶은 마음이 조금만이라도 있다면 이야기를 나누고 싶고 도움을 주고 싶단다."

"선생님이 무슨 도움을 주나요? 진짜 저를 도와주실 수 있어요?"

"글쎄… 우리 함께 이야기를 하면서 같이 생각해 보면 어떨까?"

"그래요? 무엇부터 이야기를 하죠?"

이렇게 해서 시작된 은영이와의 이야기는 4시간을 훌쩍 넘겼다.

은영이의 아버지는 군인정신이 투철하신 직업 군인이셨는데, 은영이는 아버지를 무척 싫어하였다. 아버지가 계시는 날이나 근무지가 서울 근교에 있을 때에는 집에 들어가기가 죽기보다 싫었다고 한다. 왜냐하면 아버지는 철저한 계획생활과 시간관리로 마치 병사를 훈련시키듯이 자신을 훈련시키고 만일 아버지의 뜻대로 되지 않는다면 아버지의 뜻이 이루어질 때까지(?) 자신을 때린다고 하였다. 그리고 어머니는 철저하게 아버지 편이어서 자신을 도와주지 못한다고 했다.

그래서 결혼한 큰 언니의 집에서 학교를 다녀도 보았지만 형부보다는 언니가 엄마와 똑같이 자신을 속박한다고 하였다. 그래서 집을 나오게 되었고, 심지어 자기 자신도 귀찮고 모든 것이 따분하다는 것이다.

가장 문제를 삼는 것은 아버지와의 관계였다. 자신은 절대 아버지는 바뀌지 않을 것이라고 하였고 그냥 모든 것이 귀찮다고

만 하였다. 그래도 다행한 것은 매사에 귀찮다고 말을 하는 은영이였지만 4시간 동안 자신의 이야기를 할 수 있다는 사실이 매우 놀라웠다.

6주 동안 함께 이야기를 하면서 가정 방문을 갔다. 가정 방문 때 큰 언니의 집에서 부모님이 참석하신 가운데 가족 면담을 하였다. 물론 은영이도 함께 왔다. 아버지는 학교에서 선생님이 가정방문을 왔다는 것만으로 최선의 예의를 갖추고 대하여 주셨다.

일단 아버지, 어머니께서 은영이를 어떻게 느끼고 대하시는가, 그리고 여러가지 이야기를 들었다. 서로가 서로에 대하여 이야기를 하는 과정중에 그동안 딸에 대한 많은 노력과 기대, 그리고 많은 상처를 갖고 계셨으나, 그 안에는 한 번도 딸의 이야기를 들어본 적 없이 어른들의 계획을 그냥 강요하기만 하였던 것이다.

그러면서 은영이에게 부모님과 언니의 이야기를 들어보니 어떠하냐고 물어보기도 하였다. 은영이는 자신을 위해 주는 것은 고마운데 자신이 너무 부담된다는 것을 말하였고, 또 자신에게 많은 기대감을 갖고 대해 주어서 너무나 많이 힘들다고 이야기 하였다.

서로가 서로에 대한 이야기를 처음 들어보는 시간이 되었고, 이때에 여러가지 이야기가 자연스럽게 나오게 되었다. 서로에 대한 마음을 나누기에는 시간이 절대적으로 부족하였지만, 그래도 서로에게 무엇이 가장 중요하다는 것을 알게 해 준 시간이었다고 생각한다.

서로가 서로의 이야기를 듣고 어떻게 해야 은영이를 도와줄 수 있을지에 대하여 가족 회의를 통해 좀더 상의할 것을 당부

드리고 다음에 만날 것을 기약하며, 집을 나서는데 마침 밖에는 비가 내려 은영이가 나를 버스 정류장까지 데려다 주면서 생글생글 웃었다.

"왜 웃니? 기분이 좋아?"

"그럼요. 속이 참 시원해요. 아버지에게 이야기를 하니 얼마나 속이 시원한지, 아-싸."

너무나 좋아하는 은영이…

'지금 생각해 보니 조금 더 말할걸… 그 이야기를 말해야 하는데 이야기하지 않았다.' 등등 버스를 기다리며 여러 가지 이야기를 하였다.

은영이와 헤어지면서 많은 것을 느꼈다.

'가정 방문과 가족간의 대화가 참 중요하구나. 어떻게 17년 동안 단 한번도 가족끼리의 이러한 대화를 하지 못하였을까? 서로가 서로를 알면 알수록 더욱더 이해가 많을 것을….'

이렇게 대화는 잘 되었고, 은영이도 결석 없이 3주 동안 학교를 잘 다녔다. 담임 선생님은 은영이를 잘 돌봐주어서 감사하다고 하였고, 3주 동안 나는 나 스스로

'역시 나는 전문가적 자질이 있어… 봐! 내가 개입하니 문제가 해결되잖아? 이게 학교사회사업이구나….' 라고 느끼면서 나의 능력에 스스로 뿌듯해 하였다. 그러나 이러한 나의 교만은 철저히 그 대가를 치러야 했다. 은영이는 4주가 되면서 그만 다시 가출을 하고 말았고 다시는 돌아오지 않았다.

정말 너무나 허탈하고 은영이에게 배신감마저도 느꼈다. '어

쩌면 이럴 수가 있을까. 최소한 나에게는 연락을 하고 가출해야 하는 것 아닌가? 내가 자신을 위해 얼마나 많은 신경을 쓰고 도움을 주었는데… 진짜 나에게 이럴 수 있는 것일까?

순간 참으로 교만해 있는 나 자신을 발견하게 되었다. 17년 동안 부모도 이 아이를 변화시킬 수 없었는데, 어떻게 단 몇 번을 만나서 이 아이를 변화시킬 수 있단 말인가. 게다가 학생이 가출을 하였는데 학생에 대한 걱정보다는 학교사회사업가로서 노력한 나에 대한 배신감을 더욱더 중요하게 생각할 수 있단 말인가.

이것은 엄청난 교만이었다. 너무나 부끄러웠다. 난 아이들을 만날 자격도 없는 사람이라고 생각되었다. 은영이가 많이 걱정이 되었고 나 자신에 대한 실망으로 한동안 많은 방황을 하였던 것 같다.

그 이후로 난 어떠한 아이라도 그 문제가 완전히 해결되기 전에는 결코 좋아졌다라고 말하지 않는 징크스를 갖게 되었고, 나의 노력으로 학생을 변화시키려는 어리석음보다는 학생들 스스로 변화하도록 돕는 것이 가장 중요하다는 것을 알게 되었다.

# 소록도에서 정한 나의 진로

학교사회사업을 하고 싶다는 나의 욕망은 졸업 논문을 다 쓰고 나서도, 한 가정의 가장으로 경제활동을 해야 한다는 심리적 부담감을 느끼면서도 나의 가슴 속에서 사라질 줄을 몰랐다.

도대체 그렇게 온갖 냉대를 받으면서, 환영받지 못한 학교에서의 생활이 뭐가 좋다고… 같은 사회복지를 공부하는 사람들 사이에서도 학교사회사업에 대하여는 '미래가 없다', '될 수 없는 것이다', '네가 뭐 그리 대단하다고… 그만 정신차려라' 등등 참으로 부정적인 말들을 들어왔는데… 좋다는 이야기 한 번 듣지 못하고 힘겹게 해 온 학교에서의 활동이 나에게는 밝게만 보이는 것은 어인일일까? 무엇이 그렇게도 깊은 애정과 집착을 갖게 했는가? 그것은 아마 힘든 중·고등학생시절을 지내온 내가, 또한 잠시나마 학교에서 어려운 학생들을 만나 보면서 내가 하는 일에 대한 이런 확신을 갖게 되었기 때문이 아닌가 한다.

'학교에서는 학생들에게 실질적인 도움을 줄 수 있는 사람을 학생도, 교사도 원한다. 그리고 이러한 역할은 학교의 현장에서 이젠 절대적으로 필요하겠구나!'라는 확신 말이다.

비록 1년간의 짧은 시간이었지만 내가 만나본 아이들과 내가 만나본 선생님들은 분명히 나와 같은 존재를 원하였다. 그리고 그러한 존재는 다가올 학교에 절대적으로 필요한 존재이다. 분명히 실천의 현장에서 필요한 것이라면 언젠가는 분명 생겨나게 된다. 그 때를 내가 맞이할 것인가 아니면 더 이상의 왕후의 밥을 짓지 말고 약간의 반찬이 상에 올라오는 것을 보면서 만족하고 살아갈 것인가

이것이 내가 고민하는 것이었다. 졸업을 앞둔 시기에 참 많이 고민했다.

'나는 학교에서 사회사업가로서 일을 하고싶은데 나를 채용해 주는 학교가 없고, 아니 학교사회사업이란 단어조차 들어보지 못하는 사람들이 많은데 이곳에서 내가 무엇을 할 수 있을까? 그것도 나 혼자서… 그러나 내가 다른 일을 한다면? 결혼도 했고, 이젠 한 가정의 가장으로서 가정을 꾸려나가야 할 그런 상황인데 너무나 무책임하게 나 혼자서 좋아하는 일만을 한다고 할 수 있을까? 가정에 대한 경제적인 기여는 가족 구성원으로서 기본적 의무가 아닐까. 그렇다면 어느 곳에서 일을 하나? 그래! 취직을 하자. 그리고 그 취직자리는 학교사회사업을 하려고 하는 그런 복지관에 취업하면 되잖아!' 그러면 돈도 벌고, 나의 가족 부양에 대한 입장도 세울 수 있으며, 또한 내가 하고 싶어하는 일을 어느 정도 할 수 있잖아.'

그 당시 학교사회사업을 새롭게 시작하려던 복지관이 있었다. 그 복지관에서는 민간기업의 도움으로 학교사회사업에 대하여 참 많은 활동을 의욕적으로 해 왔던 복지관이었다. 또한 그곳은 열악한 복지관의 사회복지사의 보수를 극복하는 매우 좋은 조건

을 갖고 있었다. 그래서 입사원서를 내게 되었다.

원서를 내긴 했지만 다음날의 시험을 치르진 않았다. 왠지 모를 마음이 나로 하여금 그곳에 가지 않게 하였다. 그리고 곧바로 소록도로 떠났다. 좀더 정확히 말하자면 녹동인데 그곳은 나와 함께 군대생활을 하였던 동기들이 열심히 살고 있는 곳이다.

비록 그들의 배경과 환경 그리고 어떠한 재산이나 학업과는 상관없이 군대에서는 똑같은 계급장과 똑같은 군복을 입고 하나의 해병대원으로 함께 생활한 동기들.

난 해병대 신봉론자도 아니고 유별나게 해병대를 자랑하는 사람은 아니지만, 모든 것이 공평한 조건에서 만난 나의 해병대동기들은 모두가 나보다 훨씬 위대해 보였다. 그들은 나보다 훨씬 어렵고 힘든 환경 속에서 자신을 지키며 살아 온, 참으로 강인한 생명력이 있는 이들이었다. 힘들게 살아가면서 자신을 지켜온 그들이 그냥 보고싶었다.

광주에서부터 마중 나온 군대 동기들, 그들 중 한 명은 여수에서 가장 잘나간다는 시내 길목 좋은 곳에서 세 군데의 팬시가게를 운영하고 있었고, 다른 한 명은 녹동에서 주류 도매상을 하고 있었다. 그들은 참으로 열심히 살아가고 있었다.

모두가 함께 밤하늘의 별을 바라보면서 파도소리를 안주삼아 술을 마시면서 이런 저런 이야기를 하였다.

"야! 너희들은 무엇을 중요하게 생각하며 살아가니? 아니 어떻게 그렇게 열심히 살아가니?"

술이 얼큰하게 오를 때 즈음하여 내가 먼저 물었다.

"철수야! 난 말이다. 내가 흘린 땀이 곧 돈이라고 생각하면서 살아간다. 그래서 난 땀을 좋아한다. 내 땀이 곧 정직한 내 돈이니까 말이야! 난 돈을 많이 벌어서 나중에 무인도를 살거다. 그 무인도에서 가족과 친구들을 불러서 별장을 지어 함께 잘 살거다. 봐라. 난 분명 내 꿈을 이루고 살아갈거다. 우린 아직 젊잖아!'

그들은 삶의 철학을 가지고 있었고, 그들은 나름대로의 계획을 가지고 있었다. 그래서 그들은 희망이 있었다. 난 그들의 희망이 부러웠다. 그 희망을 이루기 위해서 현재의 고민과 아픔을 이겨내는 상황과 노력이 참 좋아 보였나.

그래! 우린 젊다!

이 녀석들도 지금 자신들의 모습만으로 만족하지 않을 것이다. 분명 이들은 앞으로의 희망을 보고 살아간다. 현실에 안주하면서 지금 현재 벌어들이는 수입과 자신들의 모습에 만족하기에는 우리는 너무 젊다.

난 해병의 동기들을 만난 후 곧 서울로 돌아와서 정말 하고 싶은 일을 하기로 결심하였다.

그래서 나의 학교사회사업의 인생은 다시 시작되었다.

# TA(교류분석)임상 연구소에서의 암울한 생활

졸업을 하고 학교사회사업을 지속적으로 해야겠다는 생각을 정리하기도 하였지만 무엇을 어떻게 해야 할지에 대하여는 참으로 막막하였다. 졸업 후에 당장 일할 곳이 생겨난 것도 아니고 또한 무엇을 어떻게 해야 하는지도 참으로 암담하였다.

그 때에 나의 은사님이시자, 우리 나라의 TA(교류분석)의 대가이신 박종삼 교수님께서는 TA임상연구소를 시작해 보려는데 함께 도와달라고 하셨다. 한 달에 얼마씩 교수님에게 보수를 받고 TA(교류분석)에 관한 업무를 도와드리는 것이 나의 일이었다. 그러나 대학에 적(籍)을 두고 계시는 현직 교수님으로서는 사무실을 열만한 형편은 아니었다. 그래서 박 교수님의 댁인 독립문의 어느 아파트에 오피스텔의 개념으로 사무실을 열고 일을 시작하였다. 남들은 아파트에서 각자의 일터로 가지만 나는 나의 집에서 나와 다른 사람들의 쉼의 공간인 아파트로 들어갔다. 아무도 없는 아파트에 들어가서 혼자서 생활해야 한다는 것이 나에게는 참으로 많은 어려움이었다. 혼자서 밥을 먹고 혼자서 공부하고 연락하고….

무엇보다도 가장 힘들었던 것은 혼자서 밥을 먹어야 했던 것이다. 혼자서 밥을 먹을 때는 이런 저런 생각이 많이 교차하는 것 같다. 어떠한 주어지는 일을 하는 것이 아니라 자신이 무엇인가를 찾아서 해야 한다는 것이 나에게는 너무나 많이 힘들었다. 박 교수님은 나에게 스스로 알아서 무엇인가를 연구한 결과물을 요구하시기도 하셨다. 그렇게 서로에게 아쉬운 시간만 흘려보낸 6개월 뒤 박 교수님은 나에게 중대한 선언을 하셨다.

"철수야! 그동안 6개월을 지켜보니 내가 기대한 만큼 이루어지지 않았구나. 이제 여기서 내가 너를 붙잡아 둘 이유와 명분이 없다. 어윤배(숭실대 총장을 역임하심)교수도 앞날이 창창한 아이를 왜 잡아두고 있느냐고 말씀을 하시면서 여러 가지로 많은 이야기를 하셨다. 나도 많은 고민을 하였다. 결론적으로 나와 너는 여기서 서로 헤어지는 것이 낫겠다."

박 교수님은 내가 가장 존경하는 교수님이고, 6개월 전에 박 교수님이 나에게 임상연구소를 함께 하자는 제안에 선택받았다는 기분에 얼마나 기쁘고 자랑스러웠는지 모른다. 그런데 이제 와서 그 기대에 부응하지 못하여 버림을 받았다고 생각하니 너무나 괴롭고 힘이 들었다. 그러나 그때에 내가 할 수 있는 일은 아무 것도 없었다. 또 다른 좌절감과 절망감에 나는 혼돈의 나락으로 떨어지고 있는 것이었다.

그래서 난 1996년도 2월에 쓸쓸히 연구소에서 혼자 걸어나왔다. 그때의 날씨는 참으로 매섭고 추웠던 것으로 기억이 난다.

난 박 교수님과 결별한 이후로 더욱더 강해지는 것을 느꼈다. 나는 나를 보호하고 있는 울타리에서 벗어나 이젠 나 혼자만이 모든 것을 감당하고 책임져야 한다는 현실 앞에서 결코 심리적으로 나약하여 주저앉을 수는 없었다. 오히려 세월이 지난 지금에는 그때의 가슴아픈 추억이 나로 하여금 더욱더 학교사회사업에 매진할 수 있는 좋은 기회가 된 것 같다. 더욱이 나는 주로 개별 개입을 할 때에 교류분석이론 기법을 주로 활용한다. 그때에 배운 학습이 나로 하여금 교류분석이라는 나름대로의 이론과 방법을 갖고 있는 앞서가는 사회복지사로 만들었던 것 같다. 오늘날의 나로 만들어 주신 박종삼 교수님께 감사를 드린다.

# 학교사회사업의 첫 동지들

시간이 흐르고 어려운 순간이 찾아와도 나에게 있는 학교사회사업에 대한 열정을 사라지게 할 수는 없었다. 교류분석 연구소를 나와 한동안 참 많이 고민을 하였다. 그 많은 고민이란 한 마디로, 내가 하고 싶은 것이 있는데 그것을 할 수 있는 방법이 없다는 것이었다.

한참을 고민하고 있던 중, 어느 날 숭실대학교 노혜련 교수님으로부터 연락이 왔다.

"여보세요? 나 노혜련인데요. 아직도 학교사회사업에 대하여 열정이 있나요? 내가 아주 작은 연구프로젝트를 실시하려 하는데 학교사회사업으로 실시하려고 해요. 어때요? 이번 연구에 함께 참여하면서 나를 도와주지 않을래요?"라고 물었을 때, 나는 흔쾌히 승락하였고, 그 당시의 기분은 학교사회사업을 할 수 있는 기회가 있다는 것만으로도 정말 행복했다.

일반적으로 대학 교내 연구비는 300만원이었고, 그것도 연구보고서가 나오기 전에는 210만원, 보고서가 나오면 나머지 90만원을 주는 형식이었다.

결국, 210만원으로 1년 연구를 하는 것이다. 그래도 학교사회사업을 실시할 수 있는 공식적인 기회가 주었졌다는 것만으로도 과거 실습생으로 혼자 실습을 할 때보다도 더욱더 많은 발전을 하였다고 생각되었다.(너무나 순진하고 낙관적 생각이었나?)

일단 숭실대 대학원을 중심으로 학교사회사업을 공부할 사람을 모았다. 김주미, 고혜영, 김남영, 김현수(당시 이들은 대학원을 갓 들어온 1학기생이었다) 대학원생이 지원하였고, 나는 이들과 함께 학교사회사업을 시작하였다. 이들에게 1년의 교통비 명목으로 각각 16만원씩이 주어졌고, 그래도 나는 책임자라는 이유로 필요경비를 제외한 1년의 활동비로 70만원을 받게 되었다.

우리는 그래도 행복했었다. 그리고 학교사회사업의 미래를 희망적으로 꿈꾸며, 또한 우리가 학교사회사업의 첫시작이라는 자부심에 다른 것은 우리에게 별로 중요한 것이 아니었다.

본격적으로 학교에 들어가기 위한 준비를 하였다. 즉 학교라고 하는 중요한 사회조직체 내에서 학생의 신분이 아닌 학교사회사업가라는 신분으로 활동을 하기 위해, 서로가 서로에 대하여 알고 학교사회사업에 대하여 공통적인 시각을 형성하고 공부하는 연수의 기회를 갖게 되었다.(이는 현재 학교사회사업 실천가협회와 학회에서 실시하는 연수의 전신이다.)

이렇게 나름대로 착실하게 준비한 연수를 마치고 난 후 김주미, 김남형, 고혜영, 그리고 중앙대학교 대학원생인 김상곤 선생(현재 안산 1대학 교수이며, 나의 가장 중요한 지지자이고, 참으로 귀한 나의 친구이다.)은 서울 B중학교에서 학교 상주형 모형으로 일주일에 하루씩 이틀을 상주하면서 의뢰되어온 학생들을 개별 개입하는 형태로 1년간 활동하였다. 나머지 김현수와 나는 당시 숭실대학교 부설 동작 숭실복지관의 협력으로 복지관 중심형의 형태로 인근 D중학교를 대상으로 학교사회사업 활동을 진행하게 되었다.

1학기에는 참으로 힘들고 어려운 상황들이 많았다. 특히 학교에서 언제 무슨 일이 일어날지 모르는 상황에서 외부의 대학원생들이 선생님들도 힘들어하는 아이들을 개별적으로 개입하였으니….(지금 생각하면 대단한 용기가 있는 사람들이었다.)

우리는 더욱더 많은 인원이 필요했고, 2학기 때에는 이희영(당시 숭실대 대학원생) 선생이 학교 중심형 활동에 참여하게 되었다. 이렇게 꾸려진 우리는 학교사회사업을 처음으로 시작한 귀한 동지이자 개척자이다. 그래서 난 학교사회사업의 역사 속에서 그들의 존재가 소중히 기억되길 바란다.

# 아! 맞다. 대한생명 아저씨지?

서울 D중학교에서 학교사회사업을 하였을 때이다. 그때에는 동작 숭실 복지관과 함께 협력하여 학교사회사업프로그램을 실시하였다.

학교사회사업의 프로그램을 실시할 때의 가장 힘든 부분은 외부인에 대하여 별다른 관심이 없는 학교 선생님들과 관계를 맺는 것이다. 예전부터 교직의 사회를 일반적으로 '폐쇄적이다.' '교류가 없는 사회이다.' 등등 나름대로 학교의 상황이 갖는 경직성과 폐쇄성에 대하여 여러 가지 이야기들이 있었다. 지금 말하려는 것은 이것과 관련된 일화이다.

당시 D중학교에는 학교사회사업을 실행하기 위해서는 담당 부서가 총괄 책임을 져야 했다. 그래서 진로상담부가 학교사회사업에 대한 협력부서로서 기획에서 활동까지 책임을 져야 하기 때문에 주로 초기에 진로상담부장님과 여러 차례 논의를 하였다.

학교사회사업을 어떤 형태로 이끌어갈 것이며 활동은 어떻게 진행할 것인가에 대하여 논의를 하였다. 그런데 진로상담부장님은 일주일에 한 번씩 찾아가서 말씀을 나누고 인사까지 잘 하고 나오면, 그 다음 주에 가면 나를 몰라보셨다. 그래서 다시 안녕하시냐고 인사를 드리면 "누구시더라?"라고 되물어 오셨다.

그때의 그 황당함… 그러기를 여러 번.

일단 나를 몰라주니 개인적으로도 너무나 서운했고, 마지막에는 그 부장님이 약속하기까지 했었다. 그래서 이번에는 '꼭 나를 기억하시도록 해드려야겠다.'는 생각으로 약간의 장난끼가 발동하였다.

진로 상담실에 찾아가서 먼저 부장님께

"진로상담부장님 저 기억나시나요?"

"누구시더라?"(어김없이)

"부장님 너무 섭섭합니다. 어떻게 기억을 못하시나요? 이번에도 기억을 못하시면 저도 부장님을 기억하지 않을 거예요."라고 먼저 능청을 떨었다. 그랬더니 너무나 미안하셨던지

"잠깐만요. 누구시더라… 아…." 한참 고민하시더니 부장님은 기억이 나셨다는 듯이 갑자기 손뼉을 탁하고 치면서

"아! 맞다. 대한생명 아저씨지? 내가 정신이 없다니까."

세상에! 맙소사! 항상 학교에 갈 때마다 양복을 입고 가방을 들고 깍듯한 예의를 갖추고 붙임성 있게 다녀갔더니 세상에… 그렇지 뭐 같은 서비스 업종인 것을 뭐….

그 뒤로 진로상담부장 선생님은 나만 보면 미안해 하시면서 먼저 아는 척을 해 주신다. 이유야 어찌되었건 이젠 결코 내가 대한생명 아저씨가 아니라는 것과 나의 존재를 인식시킬 수 있는 계기가 되었었다.(그런데 아무리 생각해도 대한생명 아저씨는 좀 너무한 것 같다.)

# 어? 나왔네? 어떻게 문열고 나왔지?

중학교와 고등학교의 아이들은 정말 다르다. 아이들도 다르고 또한 그 아이들에게 접근하는 접근 방법도 다르다.

1996년의 일이다. 서울 B중학교에서 정말 말썽꾸러기 아이들을 모아다 놓고 집단 활동을 하였다. 경민이, 미선이 등등 정말 학교에서는 엄청 말썽꾸러기였다.

서울 B중학교에서는 대학원생들이 의뢰학생들을 데리고 프로그램을 진행하기에 너무나 힘들다고 울상을 지었다. 정말 그럴 것이다. 고등학생은 말이 통하기라도 하지. 중학생은 전혀 말이 통하지 않은 아이도 많지 않은가. 그래서 어느 날 한번은 B중학교에 나가는 실습생들에게 내가 아이들과 함께 역할극을 통한 심성훈련을 지도하겠으니 실습생들은 그날 좀 쉬라고 말했다. 당시 대학원생들은

"선생님. 정말 괜찮으시겠어요? 정말 힘들텐데, 우리가 같이 있어야 될텐데…." 말은 이러면서도 몸은 정말 반가워 하는 눈치이다. 그래서 나는 이렇게 말했다.

"걱정 말아요. 내가 선생님들 아이들 뺏을까봐? 걱정말고 일찍 집에 들어가서 쉬세요. 나는 시간에 맞추어 방과 후에 갈테니

그때 나와 교대하도록 해요." 라고 말이다.

그리고 나서 나는 준비를 하고 시간에 맞춰서 후관 4층 음악실로 갔다.

그날은 아이들과 역할극을 하면서 자신의 모습을 보게 하는데 목적이 있었다. 그러나 그날따라 전혀 집중이 되지 않았으며, 아이들은 매우 짜증을 내며 서둘러 집에 가고자 하였다. 도저히 아무 것도, 또한 어떤 것도 전혀 진행이 되지 않아서 아이들을 중간에 돌려보내기로 하였다. 그랬더니 아이들은

"간식이나 빨리 줘서 끝내요. 끝내! 에?"

"뭐? 간식? 오늘은 없단다. 너희들이 떠들어서 그래!" 라고 하며 퉁명스럽게 대하였다.(지금 같으면 안 그랬을 터인데.)

그랬더니 아이들은

"에잇 씨X 뭐 이래!" 라고 하면서 정리도 하지 않고 그냥 나가 버렸다. 난 순간 너무나 황당하고, 너무나 화가 났다.

"누구 때문에 내가 이 고생을 하는데 저것들은 그것도 모르고… 고맙다고 인사는 못할망정 천한 소리까지 해?" 속에서 부글부글 마구 끓었다.

그러나 화가 나는 것을 꾹 참고 정리를 다하고 나갔다. 정리를 하면서도 많이 화가 났다. 나의 얼굴은 굳어졌고 또한 나는 정말 화가 났었다.

'내가 지금 뭐하고 있지? 난 청소하러 온 것이 아닌데, 그리고 그 아이들은 도대체 돼먹지가 않았어.' 라고 하면서 나는 매우 분개하였다. 그러다가도

'에이.. 그러면 안 되지! 그래도 나마저 그들을 포기하면 어떻하나. 분명 이 아이들은 집에서나 학교에서 항상 미움만 받았을 텐

데…'.라고 마음을 고쳐먹었다. 그러면서 학교사회사업가로서 왜 아이들을 이해하지 못할까?라고 나를 깊게 반성하게 되었다. 겨우 엎치락뒤치락되는 나의 마음을 다스리면서 마지막 순간에는

'그래! 아이들을 사랑해야지, 나마저 포기하면 안 되지 안돼.' 라고 하면서 나의 마음을 달래고 있었다.

청소를 다 하고 문 밖을 나가려는 순간 '억!' 문이 열리지 않았다. 아무리 해도 문이 열리지 않았다. 밖에서 문을 걸어 잠근 것이다.

'이 녀석들이 문을 걸어 잠그고 나갔다. 이럴 수가!'

거기는 4층 맨 꼭대기 층이고 방과 후에 일어난 일이라 숙직 아저씨가 순찰을 도는 시간까지 사람이 거의 오지 않는 곳이었다.

창문을 보니 운동장에 태연히 놀고 있는 미선이와 아이들을 보니 정말로 화가 많이 났었다.

'이럴 수가! 내 저것들 나가면 가만 두지 않으리라.'

문은 밖에서 채우는 걸쇠 형식이고, 다행이 손잡이 부분을 완전히 눌러 놓은 것이 아니어서 그다지 가망이 없지는 않았다. 따라서 앞뒤로 움직이면 조금씩 걸쇄가 풀려졌음을 알 수 있었다.

약 30분 정도를 고생했나… 계속해서 작은 반동을 일정한 강도와 시간의 차를 두어 조정하였다. 드디어 문이 열렸다.

내가 내려올 때가 되니까 숙직 아저씨가 올라오면서 이제까지 거기서 뭐했냐고 물어본다.

"이제까지 문만 열었어요!"라고 이야기 한 후에 서둘러서 현관문을 나왔다. 운동장에 있었던 아이들을 서둘러 찾았다. 이것들을 내 가만 두지 않으리라. 두리번 두리번 찾았다. 운동장에는 없었다.

'그렇지. 이 녀석들이 내가 무서워 도망을 갔겠지. 제 아무리 꼴통 미선이지만 어디 감히… 어떻게 나의 얼굴을 마주 보려고… 그나저나 이것들을 어떻게 한다?

너무나 곰곰이 생각하고 또 생각하면서 학교 교문을 나왔다. 학교 교문을 나와 설마하는 마음에 분식점 안을 들여다 보니 학교 앞 분식점에 아이들이 태연히도 있지 않는가?.

나를 보는 순간 아이들이 어떻게 나올까 상상을 했다.

'분명 도망가겠지? 그러나 아이들은 나를 본 순간

"어? 나왔네? 어떻게 나왔지?" 그 말만 하고는 아무렇지도 않은 듯이 떡볶이를 먹고 있었다. 너무 화가 나서 그 앞으로 갔다. 그랬더니 그 아이들은

"에잇 씨X, 재수없어." 그리고 나가버렸다.

어떻게 뭐라 말도 하지 못하고 그냥 순식간에 일어난 일이었다.

어떻게 해서라도 말을 해보려고 하였고 어떻게 해서라도 대화로 하려고 했던 내 방식이 얼마나 자기 위주였는가를 깨닫게 해주었다.

'중학교 아이들에게는 중학생다운 방법이 더 유용할 것인데-어른처럼 위에서 지시하는 것, 말로 설득시키거나 납득시키는 것보다는 그들과 함께 느끼고 행동하면서 일깨워 주는 것-어째서 아이들이 나의 말을 듣지 않는다고 하여 그들을 강하게 통제하려했을까?

교사도 아니면서 그 아이들을 통제하려 하고 말 잘 듣는 학생으로 교정(?)하려 하고… 적어도 난 그 순간 학교사회사업가는 아니었다.

혼자서 걸어오면서 많은 생각들이 났다. 이런 미숙한 학교사회사업가의 마음을 알아버린 경민이와 미선이는 더이상 나를 신뢰할 이유가 없어진 것이다.

버릇없는 그 녀석들이 나를 일깨워줬던 것이다.

# 서울시 교육청 시범사업

1993년부터 1996년까지. 이때는 교육과 관련한 심각한 뉴스들이 앞을 다투어 보도가 되었다. 또한 삶의 질의 세계화라는 목표 아래 당시 김영삼 정권은 '국민복지기획단' 이라는 대통령직속 자문기구에서 청소년들의 삶의 질을 높이기 위한 방안으로 학교사회사업의 실시가 건의되기도 하였다.

그러나 서울을 포함한 지방 교육청에서는 학교사회사업의 실시에 대하여 검토조차 하지 않았으며 교육부(당시 안병영 장관)에서만이 전국 4개교를 시범적으로 실시하는 연구 학교실시를 하였다. 그러나 이러한 교육부의 연구사업은 이미 결론이 정해져 있는 연구시범학교 운영이었다.

당시 시범사업에 참가하였던 주체들은 어느 누구도 학교사회사업을 제대로 해보려는 의지와 마음과 준비가 없었으며 서울 M여고 교장의 경우 서울 모 대학에서 열심히 실시한 학교사회사업의 활동을 평가절하하고, 그 활동내용과 프로그램을 나중에 엮어서 시중에 판매하는 어처구니없는 일까지 일어났다.

우여곡절 끝에 서울시 교육청에서는 1996년부터 학교사회사업을 실시하기로 확정이 되었고, 서울대 사회복지연구소에 용역을 의뢰하여 서울시내 3개교를 시범 실시하기로 하였다. 이때에 숭실대학교 노혜련 교수와 나는 한 팀으로 참여하게 되어 서울 Y여상에서 학교사회사업가로 1년간 일을 하게 되었다.

이 사업에는 여러 가지 의미가 있었다. 공식적으로 학교사회사업을 실시할 수 있었다는 것과 교수님들의 자문을 받아가면서 열심히 일을 할 수 있었다는 것, 게다가 임금으로 약 1,000만원을 준다고 하니(실질적으로는 1년 반을 일하면서) 아 ! 드디어 나도 돈을 받고 학교사회사업을 하려나 보다. 먼저 첫번째 월급의 형태로 100만원을 받았다. 얼마나 기쁘고 감사한지… 학교사회사업의 일을 하면서 난생 처음으로 보수를 받았다. 또한 사람들도 모이기 시작했다. 정말 잘 하고 싶었다. 그때 모인 사람들은 김주미, 고혜영, 이희영, 정주연, 김은영, 그리고 김현경 등 대학원생으로 이루어졌다.

우린 서로에 대한 이해를 돕기 위한 작은 연수를 한 후 서울 Y여상으로 진입하였다.

제 3 부

# 선생님!
# 경은이가 가출한대요

# Y여상에서

1997년도 서울시 교육청 학교사회사업 시범 사업의 일환으로 Y여상에서 학교사회사업가로 1년간 공식적으로 활동하게 되었다. 먼저 학교사회사업실을 꾸미는 일을 하기 전에 학교 안에 있는 기존 상담실과는 차별성을 지니기 위해 상담실에 대한 인식조사를 하여 보았다.

인근의 중고등학생과 교사들에게

"선생님들께서는 학창시절에 '상담실' 이라면 어떠한 이미지가 떠오르십니까?" 라는 상담실의 이미지에 대한 질문을 하였다. 그랬더니 대부분의 교사들의 응답은 '매 맞는 곳, 처벌받는 곳, 반성문 쓰는 곳, 가기 싫은 곳, 문제아들이 가는 곳… 등등이었다.' 라고 하면서 대부분이 부정적인 응답을 보여왔다.

같은 질문을 학생들에게도 동일하게 물어보았다.

"여러분은 '상담실' 이라고 하면 어떠한 이미지가 연상되나요?" 라는 질문으로.

학생들의 응답도 더하면 더했지 덜하지 않았다. '문제아들이 가는 곳, 양로원, 선생님들 차 마시는 곳, 또 다른 하나의 교무실, 조사 받는 곳' 등등이었다.

이 사실을 알아가는 과정 중에 한 가지 이상한 것은 응답을 해준 교사들의 학창시절과 지금 현재 학생들의 학창시절과는 짧게는 10년, 길게는 20여 년이 넘게 차이가 나지만 유독 상담실에 대한 인식만큼은 결코 달라지지 않았던 것이다.

이러한 학교의 부속기관으로서의 부정적 상담실이라는 인식아래에서는 어느 누가 와서 상담을 하여도, 어떠한 시도를 하여도 학생들의 환영을 받을 수 없다는 것이 너무나 명백하였다.

학교사회사업이라는 새로운 활동을 잘 정착시키기 위해서는 일단 기존 상담실의 인식을 바꾸어주는 인식 개선 작업이 먼저 실시되어야 한다고 생각하였다. 이러한 인식 개선작업의 한 일환으로 상담실을 예쁘게 꾸미는 작업을 하기로 하였다. 그래서 내부를 핑크색으로 칠하였고, 한지를 이용하여 커튼도 마련하고 예쁘게 꾸미기도 하였다.

'분명 학생들이 이것을 보면 예쁘다고 좋아할 거야! 학교에 이러한 공간이 또 어디 있을까? 이렇게 말하겠지?' 라고 함께 작업한 실습생과 상상을 하기도 하였다.

학생들에게 보여주고 싶었는데 1월 말 방학중이라 학생들이 지나다니지 않을 때였다. 그러던 중 어느 학생이 지나가길래

"이봐 학생. 잠깐 나 좀 도와줄래?" 하며 그 여학생을 불렀다.

"왜요?" 라고 말하는 그 학생의 눈에는 무슨 심부름이나 시키지 않을까 하며 걱정하는 눈치였다. 학교라는 곳에서 지나가는 학생을 선생님이 불렀다는 것은 십중팔구 심부름을 시키기 위한 경우가 많았기 때문이다.

"응. 선생님이 이곳 상담실을 예쁘게 꾸며 놨는데, 분위기가 어떤가 좀 봐달라고."

"아! 네! 근데 여기가 어디예요?"

"여기? 새로 생긴 상담실이야!"

"아저씨는 누구신데요?"

"응. 나? 난 말야 이번 학기부터 새로 온 학교사회사업가 선생님이야."

"네? 뭐라고요?"

"학교사회사업가 선생님이라고!"

"네? 무슨 사업을 한다고요?"

발음도 잘 되지 않고 난생 처음 들어보는 학교사회사업가라는 칭호에 이렇게 반응하는 것도 어찌보면 당연한 일일 것이다.

"응. 어렵지? 발음하기도… 그냥 상담선생님이라고 불러줘."

"상담선생님? 그런 것도 있나요?"

간단한 상견례를 나누고 일단 학교사회사업실 안으로 들어왔다.

"어떠니? 예쁘지?"라는 나의 질문에 별다른 반응이 없고 오히려 시큰둥하였다.

"피이. 이게 뭐에요? 누굴 뭐 정신병자 취급하세요?"

'아차차! 이게 웬일? 맞다. 이 아이는 이유야 어찌되었든지 병원이나 상담실을 방문한 경험이 있는 아이로구나.' 라는 생각이 들었다.

그 당시에는 온화한 느낌을 주기 위해 핑크색 계통의 칠을 한 병원과 사설 상담실이 많을 때였다.

분명 이대로 둔다면 이 아이를 통해 '야! 학교에 정신병원생겼다.' 라는 터무니없는 소문이 날 수도 있겠구나라는 생각이 들었다. 그래서 당장 내부의 색상을 당시 유행인 녹색계통으로 바꾸어 칠을 하였다. 학교에서 일하시는 아저씨들은 정말로 우리를 이상하게 생각하셨다. '도대체 무엇을 하는 사람들이기에 멀쩡한 교실에 이 색을 칠했다가 금방 저 색을 칠하느냐' 고.

우스갯소리로 학교 안에 유치원을 만든다는 이야기도 나올 정도로 우린 분위기를 바꾸어 보려고 참으로 많은 노력을 하였다.

# H여상에서 학생들과 친해지는 전략

꾸며 놓고 나서 뿌듯한 마음으로 학교사회사업실을 쳐다보고 있었다. 그러다가 문득 이런 생각이 들었다.

'예쁘게 꾸며만 놓으면 뭐하나? 학생들이 많이 와야 하는데….' 그래서 학생들의 상담실에 대한 인식 중 몇 가지를 집중 공략하기로 하였다. 학생들은 학교에 대하여 대부분 이렇게 생각하고 있었다.

'학교는 나에게 주는 것 하나 없이 나만 학교에 뭔가를 가져다 바친다.'

'상담실은 문제아들만 가는 곳이다.'

그래서 학교사회사업실의 운영전략으로 '누구나 올 수 있는 곳이 될 수 있도록 하자.' '학생들에게 뭔가를 나누어 줄 수 있는 것을 주자.' 라는 것을 세웠다.

그래서 사탕을 예쁘고 맛있는 것을 준비하여 학교사회사업실의 한가운데다 예쁜 바구니를 준비하여 사탕을 놓았다. 그리고 학교사회사업실의 홍보를 위해, 유인물을 받을 각반의 반장들을 학교사회사업실로 보내달라고 하였다.(물론 내가 교실에 가서 홍보도 하면서 반장들도 의도적으로 소집을 하였다.)

그런데도 학생들은 오지 않았다. 밖의 간판을 '상담실' 이라는 말 대신 'School Social Worker' 라 하여 분위기도 바꾸어 놓았지만 말이다.

그러던 어느날 영어로 쓰여진 간판을 보고 원어민(당시 학교에는 영어와 일어를 가르치는 원어민이 있었다.) 교무실인 줄 알고 원어민 교사를 찾으러 학생이 찾아왔다.

"저… 여기 gold 선생님 계세요?"

"그래. 일단 들어와라. gold 선생님 말이니?"

"어? 한국말 하시네요?"

"뭐? 나 한국사람이야!"

거의 몇 주 만에 구경하는(?) 학생이었다. 그래서 일단 들어오라고 한 다음 원어민 교사가 있는 교무실을 잘 찾을 수 있도록 자세히 일러주면서 그 학생의 눈을 보았다. 그 학생의 눈은 사탕 바구니에 가 있었다.

"얘. 그 사탕을 먹어도 돼!"

"진짜요? 공짜예요?"

"그럼 먹고 싶은 만큼 먹도록 해."

"근데 아저씨 누구세요?"

"응. 선생님은 학교사회사업가 선생님이야!"

"네? 뭐라고요?" (또 시작이다. 아이들은 역시 한번에 이해하기가 어렵지.)

"학교 사회사업가 선생님이라고."

"그게 뭔데요?"

어쨌든 어렵게 설명하고 나서 자주 놀러 오라고 하면서 학생에게 많은 사탕을 쥐어주면서 올려보냈다.

'그 다음 시간은 분명히 학생들이 많이 내려오겠지? 사탕을 달라고 아마도 많은 친구들이 내려 올거야. 아이들 맞이할 준비를 해야겠어.' 라고 생각하면서 사탕을 많이 준비해 두었다.

그러나 학생들은 내려오지 않았다. 아이들의 특성상 호기심이 가더라도 아무런 관찰 없이 덥석 뭔가를 시도하지는 않는 듯 하였다. 주변에 학생들이 오고가면서 안에 들어오지는 않아도 키득키득 웃으며 지나가는 학생은 많았다.

그러다가 용기를 갖고 학교사회사업실에 들어오는 친구들이 있었는데, 그 친구들은 흔히 우리가 부르는 범생이(모범생)는 아니라 약간 날라리(?)의 학생들이 용기를 가지고 더 많이 찾아 왔다. 그들은 들어와서 묻는다. '여기는 뭐 하는 곳이며 사탕은 왜 주며 여기는 왜 다르게 꾸며졌냐고' 그리고 꼭 묻는 것은 나는 뭐하는 사람이냐고 묻는다. 그러면 발음도 잘 안 되는 학교사회사업가를 연습해가면서 한참의 시간이 걸린다. 그리고 그들은 이해하지도 못하였으면서도 알았다는 듯이 고개를 끄떡이며, 사탕을 입에 물고 주머니에 넣고 그리고 인사하면서 수업에 들어간다.

쉬는 시간 10분간 아이들이 다녀가면 나머지 50분은 아이들을 맞이하기 위한 준비로 시간을 보낸다.

점차 아이들이 많이 모였다. 각 반의 반장들을 모집하였고, 거기에서 아이들은 반장부터 말썽꾸러기들이 한 자리에 있는 것을 확인하고, 또한 아무런 심부름도 시키지 않는 상황에서 왁자지껄 소란을 떨며 함께 있는 그 모습들이 어느덧 자연스러워졌다.

아이들이 좋아하는 사탕의 양도 만만치 않지만 사탕의 종류도 매우 신경을 써야 한다. 누룽지 사탕이나 계피 사탕, 박하 사탕

등은 학생들이 별로 좋아하지 않는 사탕이다. 아이들은 과일맛 사탕이나, 맛있고 뒷맛이 깔끔한 사탕을 좋아한다. 처음에는 감당할 수 없는 사탕 값을 아끼려고 대형 할인마트에서 누룽지 사탕, 계피맛, 박하맛 등을 일괄 구입하였다. 상대적으로 낮은 가격에 만족해 하면서 말이다. 그러나 우리는 순간적으로 기분상 이익이 있을 뿐 결과적으로는 전혀 수지가 맞지 않은 일을 한 것이다. 아이들은 전혀 먹지 않고 "나는 사탕 없어요? 저, 이것 안 먹어요."

진짜 아이들은 먹지 않았다. 그래서 그것을 없애느라 나와 우리 실습생들이 약 한 달간을 먹어치워야 했다. 그 뒤로 학생들이 좋아하지 않는 사탕은 아예 놓지 않았다.

# 교감 선생님의 역정과 든든한 우리편

아이들이 모이기 시작한 4월과 5월, 스스로 상담을 하겠노라고 찾아온 학생은 없었지만 그냥 상담실에 아이들이 모여들기 시작했다. 그 당시에도 수업시간에 화장실 간다고 하면서 상담실에 와서 사탕하나 먹고 잠시 쉬었다가 올라가는 학생들도 있었다.

어느날 교감 선생님이 얼굴이 굳어져서 학교사회사업실 문을 열고 나타나셨다.

"아니 윤실장님! 도대체 이게 뭡니까? 이래도 되는 거예요?" 하고 내미신 양 손에는 온통 사탕 껍질이 있었다. 교내 순시를 하시는 교감 선생님께서 최근 들어 이상하게 사탕껍질이 마구마구 널려 있어 이상하게 생각하여 하나씩 주워오면서 따라왔더니 바로 학교사회사업실에서 끝이 나더라는 것이다.

교감 선생님께서 화가 나신 이유는 왜 학생들에게 사탕을 주어 유혹하느냐는 것이다. 그리고 그 껍질처리도 되지 않아 이는 교육적이지 않으니 당장 그만두라는 것이었다.

"교감 선생님. 죄송합니다. 제가 학생들에게 사탕을 나누어 주면서 그 껍질을 휴지통에 버리라는 지도를 하지 못한 것은 저의 불찰입니다. 그러나 사탕을 나누어주는 것이 그렇게 그냥 나누어 주는 것이 아니라 상담실의 인식을 바꾸기 위한 하나의 중요한 전략입니다. 아이들은 비록 사탕을 먹기 위해 상담실에 오기는 하지만 이렇게 하면서 상담실의 문턱이 낮아지고 그래서 어떤 일로 고민할 때에 스스로 찾아오게 되는 것입니다. 그러므로 사탕을 학생들에게 나누어 주는 일을 그만 둘 수는 없습니다. 그리고 껍질은 제가 학생들에게 교육을 시키고 또한 제가 줍도록 하겠습니다." 이렇게 교감 선생님을 설득을 시켰다.

"아무리 그래도 그렇지… 이것은 사탕 발림이야." 교감 선생님은 아직도 아쉬운 듯이 못마땅한 표정으로 나가셨다.

그때 문 뒤에 숨어 있던 미진이는 교감 선생님이 나가자 마자

"괜히 와서 XX이야! 선생님 신경 쓰지 마세요. 우리 학교 교감은요. 원래 저렇게 사사건건 시비예요, 치! 자기는 뭐 사탕 한 번 줘봤나? 그리고요. 껍질은 제가 다 치울게요. 걱정하지 마세요." 오히려 미진이가 더욱더 흥분하여 나에게 위로를 준다.

사실은 더 사실적인 표현을 했지만 여기서는 생략하기로 한다. 그러나 그런 미진이가 전혀 밉지가 않았다. 너무나 눈물겹도록 고마웠다. 자식… 물론 제가 치우겠다던 사탕 껍질은 작심하루도 채 못갔지만 말이다. 그렇게 거칠지만 솔직하게 자신의 마음을 열어주었던 미진이가 참 고맙고 또 고마웠다. 학교에서 이젠 외롭지 않다는 생각을 하게 한 첫 사건이었다.

# 담배와 7공주 사건

학생들이 학교사회사업실에 많이 찾으면서 드디어 다양한 아이들이 많이 모이기 시작하였다. 재미있는 아이, 와서는 말 한마디도 하지 않는 아이, 쉴새없이 나에게 친한 척하며 재미있게 재잘되는 아이 등등. 참 많고도 다양한 아이들이 학교사회사업실로 모이게 된다. 이렇게 모이니 담배 냄새가 나기 시작하였다. 그래서 학교사회사업실에 오는 학생들에게 물어보았다.

"얘들아! 너희들 요즘 담배 많이 피우지 않니?"

"요즘에 많이 피워요. 물론 저는 안 피우지만."

"그래? 그럼 그 친구들에게 이야기를 해줄래? 학교에서 담배를 피우면 본인도 화장실에서 피우느라 긴장을 해서 좋지 않고 건강에도 좋지 않으니 담배를 피우고 싶은 욕망이 있을 때 학교사회사업실에 와서 사탕을 먹으라고 말이야"

그랬더니 진짜 학생들이 더욱더 많이 오는 것 같았다. 그러나 분명 담배를 피우고 싶을 때 스스로 억제방법의 하나로 사탕을 먹으라고 하였건만 아이들은 담배를 다 피운 다음에 교실로 올라가기 전 냄새 제거용으로 사탕을 먹는 것이 아닌가? 이러다가는 화장실은 흡연실, 그리고 학교 사회사업실은 흡연 후 냄새를 제거하는 대기실로 남을 수도 있겠다. 그래서 담배를 피운 학생에게 개입하기로 하였다.

기회를 노리고 있었는데 진아가 휘익 지나갔다. 나는 담배를 안 피우기 때문에 냄새를 금방 알 수 있었다. 그래서 진아의 손을 잡았다. 진아는 움찔하였다. 그리고는 손을 빼려고 하였다. 그래서 일단 진아의 손을 강하게 잡은 다음 개별 상담실로 갔다.

"진아야! 너 피웠지?" 결코 안 피웠다고 한다. 그러면서 증거를 대라고 하였다. 그래서 나는 오른손의 검지와 중지의 냄새를 확인하고는 진아에게도 냄새를 맡아보라고 하였다. 그랬더니

"에잇! 친구 것을 한 모금 빨았을 뿐이에요!"라고 이야기를 하였다.

"진아야! 내가 아무리 너희들의 학교생활을 도와준다고는 하지만 학교에서 금지하고 있는 흡연에 대하여 내가 알면서도 이를 묵인할 수는 없을 것 같아. 내가 이 사실을 알고 묵인한다면 내가 학교에 있을 이유가 전혀 없을 것 같구나. 자 두 가지 중에서 네가 그 벌을 선택하는 거야."

처음에는 절대로 안 그랬다고 해놓고, 그 다음에는 친구 것 한 모금 빨았으니 봐달라고 하였고, 그러다가 위와 같이 이야기를 하니 체념한 듯

"뭔데요?"

"학생부에 갈래? 아니면 내가 주는 벌을 받을래?"

그 당시 학생부 중에서도 학생들이 가장 무서워하는 선생님의 별명은 에이즈란 별명을 갖고 계시는 노용원 선생님이었다. 노 선생님은 학생들이 에이즈(한번 걸리면 죽는다고 하여 붙여진 별명)라고 하면서도 가장 학생들이 존경하는 그런 훌륭하신 노(老)선

생님이셨다. 그래서 학생들이 가장 무서워하여 그 선생님 앞에 가는 것만큼은 피하고 싶어하였다.(그러나 나는 노용원 선생님을 매우 좋아하였다. 선생님은 연세가 많으셨음에도 불구하고 학생들을 사랑하시는 마음은 한결 같았으며 또한 학생들을 현명하게 지도하셨으며 어떠한 학생이라도 노용원 선생님은 자신들을 위해 노력하시는 선생님이라는 것을 느끼고 알고 있을 정도로 좋아하였다.)

그 반면에 나는 생긴 것 자체가 느끼하게 생겼고(후에 진아가 이야기 하였었다.) 때릴 것 같지 않아서 기껏해야 반성문 정도로 하겠지라는 생각을 하였는지

"선생님이 주는 벌을 받을래요."라고 하였다.

그래서 나는 곧 의지 확인표를 내밀었다. 내가 주는 벌이란, 의지 확인표에 두 달 정도의 날짜를 적어서 학교에서 담배를 피우지 않는 것을 목표로 하는 것이다. 즉 학교에서 담배를 피우지 않으면 해당 날짜에 스마일 표시를 하고, 만일 약속을 어길 경우에는 찡그린 스마일 표시를 하고, 그렇게 하여 두 달을 다 채웠을 경우에는 학생이 원하는 상을 주는 것이다. 다 이행하였을 경우에는 학생이 원하는 것을 해 주고, 만일 학생이 지키지 못했을 경우에는 내가 원하는 것을 진아가 들어주는 것으로 하는 것이다.

"진아가 만일 잘 지켰을 때 원하는 것이 뭐니?"

"제가 받는 벌인데 잘 하면 상도 주나요?"

"그럼. 벌이라도 하나의 약속이고, 약속을 힘겹게 지켜내면 상을 받는 것은 당연하지. 어떤 것을 원하니?"

"피자요. 약속 잘 지키면 친구들과 함께 피자 사주세요."

"좋아. 하지만, 약속을 지키지 못할 경우에는 선생님도 원하는 것이 있는데."

"그게 뭐에요?"

"그건 너희 집에 가서 네가 끓여주는 라면을 먹는 것이야. 그리고 너의 옛날 사진도 보면서 말이야."

"그렇다고 집에다 꼰지르기(아이들의 속어로 이르기) 없기에요?"

"그럼."

"근데 어떻게 체크하나요? 매일 내가 내려와서 체크하나요? 만일 내가 거짓말로 하고서 안 했다고 하면 어떻하죠?"

"진아야! 난 널 믿어! 거짓말을 하더라도 난 진아를 믿는단다. 만일 진아가 거짓말을 한다면 의심없이 너를 믿는 나를 보고 너의 양심이 더욱더 괴로울거야. 거짓말을 해서 괴로울 것인지, 아니면 양심껏 진실을 이야기하여 평안한 마음을 갖고 있을지에 대한 선택은 네가 하는 것이야."

"알겠어요!"

"그럼 내일부터 시작이다. 알았지?" 이렇게 시작했던 확인표였다.

사실 그 결과에 대하여는 반신반의하였는데 어느덧 두 달이 가고 마지막날이 되었다. 그동안 참으로 열심히 노력하였다. 그래서 확인표는 거의 웃는 스마일로 표시가 되었다. 마지막날 진아는 아침부터 학교 사회사업실에 와서 벌써부터 목에 힘을 주어 이야기를 하였다.

"오늘만 피우지 않으면 제가 원하는 것 해 주기로 하셨죠? 오늘만 잘 하면 돼요. 그러니까 이따가 도망가지 마시고 기다리셔야 해요."

"그래. 잊지 않았으니까 걱정마라."

드디어 6교시가 끝나는 종이 울리고, 진아가 와서 웃는 스마일 표시를 한 후 나를 빤히 바라보았다.

"수고했다. 진아야! 근데 피자를 우리 둘만 먹기에는 그렇지 않니? 친구들도 좀 데리고 오지 그래?"

"그럴 줄 알고 이미 밖에 대기시켜 놓았지요."

밖을 보았더니 여섯 명이 기다리고 있었다. 근데 그 여섯 명은 심상치 않았다. 분명 우리학교 아이들인데 여섯 명을 자세히 보면 공통된 점은 하나도 없었다. 무엇이 달라도 달랐다. 머리에 깻잎(보통 아이들은 머리가 짝 달라 붙는 형태의 머리를 깻잎머리라고 지칭한다.)도 얹고 어떤 녀석은 남자처럼 짧은 머리에… 참 독특한 녀석들이었다.

기왕 피자집에 가는데 좀 좋은 곳으로 갔다. 아이들은 무리지어 가면서 자기네들 피자먹으러 간다고 친구들에게 자랑을 큰소리로 하였다. 그도 그럴 것이 학교에서 선생님이 자신들에게 무엇인가를 사준 적이 없기 때문에 아마 자랑도 하고 싶었을 것이라 생각된다.

피자집에 가서 자리에 앉았을 때 아이들이 나에게 물어보았다.

"아저씨는 누군데 왜 진아와 우리들에게 피자를 사줘요?"

"그냥! 너희들이 학교생활 잘 하고 예뻐서…."

"피잇! 완전 구라다. 야 우리가 예쁘데."

"맞긴 맞지. 난 예쁜데!"

"미친 X, 저 병엔 약도 없다니까!"

"저 X은 꼭 나만 보면 XX이야, 에잇 재수없어."

"야! 조용해봐! 근데 아저씨 누구세요?"

진아는 아무런 말도 하지 않고 가만히 있었다. 다른 아이들이 굉장한 호기심으로 마구 물어 보았다.

"응. 학교사회사업가 선생님이야."

"에엣? 야 뭐래?"

"몰라! 사업한다고 하잖아!"

"아! 그래서 돈이 많아 우리 사주는 거구나."

"근데, 진아야 왜 널 사주는 거야?" 자꾸 꼬치꼬치 캐묻자 진아는

"몰라 이 X이! 그냥 처먹기나 해!"

"왜 신경질 부리고 XX이야!" 아이들의 오고 가는 거친 대화가 참 재미있다.

물론 다른 테이블에 있는 사람들은 이 아이들의 큰 목소리와 거친 말투에 인상을 쓰면서 쳐다본다. '분명 저 사람들은 이 아이들을 아주 질이 나쁜 불량학생이라 생각하겠지?' 처음에는 내가 오히려 주변사람들에게 미안하고 창피하였지만 이내 곧 아이들과 동화되어 시끄럽고 거칠어도 자기네들 나름대로의 의사소통을 하며 살아있는 아이들의 모습이 귀엽기만하였다. 일반 식당에서 얌전히 먹어야 하고 조용히 품위를 지키고 먹어야 한다는 것을 다 알고 있지만 그러지 못한 이 아이들을 바라보는 주변의 따가운 시선을 이 아이들과 함께 받고 싶다는 생각이 들었다. 아니, 진아를 포함한 7공주가 나를 그들의 세계에 받아주었으면 하는 바람이 있었다.

왁자지껄 떠들고 난 후 집에 갈 때는 난 아이들에게 상담선생님으로 불리워졌고 배부르게 먹여놓은 뒤라 아이들은 깍듯이 인사도 잘 하였다. 이 아이들에게는 의리가 있다. 그래서 누군가에게 신세를 졌다면 그것을 갚으려고 한다. 그러나 갚지 못하는 상황이므로 대부분 신세를 진 사람의 말을 잘 듣거나 인사를 잘

하는 것, 바로 이 인사가 그들이 지켜나가는 의리인 것이다.

아이들과 헤어지고 집으로 돌아가는 길에 난 아이들과 함께 있었던 일들을 생각하면서 계속 웃으면서 집에 갔다. 그 아이들과 정서적 거리가 한 1m는 가까워진 것 같았다. 나중에 안 일이지만 자기네들끼리 집에 돌아가면서 왜 피자를 먹게 되었는지 어떻게 했는지 서로 꿍떡꿍떡 이야기를 하였고 그들의 입을 통해 '저 상담선생님은 좀 다르다.' 라는 소문이 아이들 사이에서 돌기 시작하였다. 아이들의 입에서 그러한 이야기들이 오르내릴 때마다 학교사회사업실에는 아이들이 더욱더 많아졌다.

많아진 아이들의 대부분은 처음에 오자마자 이렇게 말을 먼저 한다.

"저도 피자 사주세요. 학교에서 담배 안 피울게요."라고 말이다.

# 영희가 만난 나쁜 사람과 좋은 사람

어느 날 영희의 담임 선생님이 학교사회사업실로 찾아왔다. 학교 사회사업실이 생기고 난 후 선생님들은 왕래를 거의 하지 않으시고 별다른 교류가 없었기 때문에 직접 찾아온 김 선생님이 너무나 반가웠다.

"저… 아이들이 많이 찾아 온다고 하길래 그냥 와 봤어요. 참 좋으네요. 근데 선생님, 시간 좀 있으신가요?"

"네! 얼마든지요."

"저 실은…."

선생님의 반 학생인 영희의 이야기였다.

영희는 고3의 여학생인데, 영희의 아버지는 정신이상자로 수용시설에 격리되었고, 어머니마저 고혈압과 당뇨 그리고 온몸이 하얗게 변해가는 백반증상으로 힘들어 하셨다. 이 가정의 유일한 생계수단은 어머니의 취로사업(현재는 공공근로사업이라 불리워짐)이 전부였다. 영희는 이러한 자신의 가정을 한 번도 부끄럽게 생각하지 않으면서 오히려 어머니를 도와주면서 보호자의 역할을 기꺼이하는 그런 착한 딸이었다. 또한 학교에서도 성격이 워낙 활발하고 밝아서 친구들이 좋아했고 또한 솔직하고 적극적이

어서 친구들이 많이 있는 그런 아이였다. 영희는 자신의 용돈과 생활비를 마련하고자 영등포에 있는 패스트푸드점에서 학교가 끝난 후부터 폐점 때까지 성실하게 아르바이트를 하고 있었다. 밤에 일을 할 수밖에 없었고, 또한 워낙 성실한 아이였기 때문에 그곳에서도 인정을 받고 있었다.

그러던 어느 날 아르바이트하는 곳에서 정리를 다 마치고 12시가 넘어서 집으로 가던 중 치한에게 끔찍한 일을 당하였다. 불행 중 다행으로 영희가 소리를 치고 저항을 강하게 하여 주변 사람들의 도움을 받기는 했지만 치한으로부터 워낙 얼굴을 심하게 구타당해 광대뼈가 함몰되는 등의 외상을 입어 큰 병원으로 옮겨졌다고 연락이 왔다는 것이다.

김 선생님은 어떻게 해야 할지 너무 당황하고 걱정이 되어 상의를 하고자 왔던 것이다. 김 선생님은 말씀을 하시면서 참 많이 속상해 하시면서 눈시울을 적시셨다. 그 이유는 상황 자체가 여학생에게 치명적인 끔찍한 일이기도 하지만, 그러한 일이 어려운 환경에서도 잘 하고 있는 영희에게 일어났다는 사실이 너무나 속상하셨기 때문이었으리라.

일단 영희가 있는 병원은 의료사회사업가가 있는 종합병원이었다. 따라서 먼저 의료사회사업가에게 전화를 한 후 담임 선생님과 함께 영희가 있는 병원에 의료사회사업가를 만나기 위해 갔다.

의료사회사업가 선생님과 담임 선생님, 그리고 학교사회사업가인 나, 이렇게 셋이서 영희의 상황과 문제를 어떻게 해결할까에 대하여 상의하였다.

일단 영희의 가족 주변에는 경제적으로나 정서적으로 도움을 받을 곳은 아무데도 없었다. 게다가 의료보호대상자(당시)인 영희는 성형외과의 치료 혜택도 받을 수 없는 것이었다. 그러나 무엇보다도 영희가 감당해야 할 정신적, 심리적 충격은 이루 말할 수도 없고, 무엇보다도 영희가 학교에 어떻게 적응하고 다닐 것인가에 대하여 논의하였다.

그런 다음 영희를 만나러 병실에 올라갔다. 8인용 병실에서 영희를 찾았고, 영희의 옆에는 할머니 같은 어머니가 누워계셨고, 영희는 얼굴에 붕대를 감고 있었다. 붕대 사이에 퉁퉁 부은 눈이 보였다.

담임 선생님은 영희를 보는 순간 그만 눈물을 참을 수가 없어서 서럽게 울고야 말았다. 그러나 한참을 우는 우리 어른들을 오히려 영희는 위로하였다. '어른이라도 감당하기 어려웠을텐데… 어떻게 잘 이겨내는지.' 너무나도 대단해 보였다. 일단 아이를 만나보고 위로를 하면서 여러 가지를 점검하였다. 그리고는 다시 병원 의료사회사업실에서 다시 영희의 문제를 논의하기 시작하였다.

일단 우리는 크게 세 가지 정도로 문제를 집약할 수 있었다.

첫째는 영희의 심리적인 문제였다. 영희가 감당해야 할 충격적인 사건에 대하여 어떻게 도움을 주어야 할지에 대하여 논의하였다. 그래서 병원에 있어야 할 4주 동안에는 의료사회사업가 선생님이 지속적인 상담을 하면서 그 결과와 진행의 상태를 담임 선생님과 나에게 수시로 연락을 하기로 하였다. 그리고 학교에 돌아오면 그때는 지속적인 상담은 학교사회사업실에서 맡아 하면서 담임 선생님과의 협력체계를 형성하기로 하였다.

둘째는 영희의 학교생활에 관한 문제였다. 영희는 이번 사실이 친구들에게는 알려지지 않고 남은 기간을 무사히 잘 넘겨서 졸업하였으면 좋겠다고 하였다. 그래서 결석계는 담임 선생님이 잘 관리하여 영희의 사실이 퍼져나가지 않도록 할 것이며 비밀을 지킬 것을 논의하였다. 또한 학교생활을 할 때에 어렵고 힘들면 학교사회사업실을 언제라도 찾아오도록 분위기와 조건을 만들어 주기로 하였다.

셋째는 가장 중요한 의료적 문제와 경제적 문제였다. 영희의 의료비를 어떻게 충당할 것인가 하는 문제가 가장 어렵고 난감하였다. 이는 학급이나 학교에 있는 사실을 다 말하여 모금운동을 할 수 있는 것도 아니고 그렇다고 하여 김 선생님의 사재를 내놓을 수도 없는 상황이었다. 그래서 함께 논의한 끝에 도움을 받을 수 있는 곳을 찾아보기로 하였다. 그래서 사회단체 중에서 영희를 도와줄 수 있는 곳에 상황을 말하여 도움을 청하자는 것이다. 아무래도 사회의 자원에 대하여 알아볼 수 있는 곳은 사회복지사들이 더 수월하겠다고 생각되어서 의료사회사업가 선생님과 내가 알아보기로 하였다.

여러 곳을 알아보는 도중 당시 E그룹의 H재단법인에서 근무하는 사회복지사인 김유심 선생님의 연락이 왔다. 상황을 보면서 도움을 주고 싶다고, 아이를 만나고 가정방문을 한 후 결정하겠다고.

우린 고맙고 감사하다는 말을 몇 번이고 계속하였고 모두가 너무나도 기뻤다. 얼마나 고맙고 감사한지….

영희가 퇴원하는 날 김유심 선생님에게 영희는 이렇게 말을 하였다.

“사실 열심히 살아가는 저에게 왜 이런 일이 일어났는지 참으로 원망스러웠습니다. 왜 나에게 이름도 얼굴도 모르는 나쁜 사람이 이런 일을 했을까? 정말 난 착하고 열심히 살고 있는데… 저는 이 사회가 너무나 불공평하다는 생각 때문에 너무나 힘들었어요. 그러나 이러한 저를 이름도 얼굴도 모르는 분들이 도와주시는 것을 보면서 제가 살고 있는 세상은 불공평하지만은 않다고 생각했습니다. 저를 도와주신 모든 분들에게 다시 한 번 감사를 드립니다. 지금은 제가 은혜를 갚을 길이 없지만 이 다음에 제가 늙어 죽을 때까지 저의 도움이 필요한 이들에게 제가 값없이 받았던 것을 돌려주겠습니다. 약속합니다.”라고 말을 하면서 눈물을 흘렸고 우리 모두도 함께 영희의 언약에 눈물로서 증인이 되어 주었다.

그곳에 함께 있었던 우리 모두는 영희가 사회에 대하여 희망을 발견하고 다시 용기를 갖게 되어 너무나 기뻤고 영희와 같은 아이들이 안심하고 살아갈 그런 좋은 세상이 빨리 오기를 바랬다.

퇴원을 한 후 영희의 얼굴은 완전히 예전처럼 회복되지는 않았지만 그래도 많이 좋아졌고 몇 차례에 병원을 다니면서 그 본래의 모습을 되찾고 있었다. 같은 반 아이들은 영희가 교통사고를 당한 것으로 알고 있으며, 이 사실을 알고 있는 사람은 담임 선생님, 영희 그리고 나 이렇게 셋이서만이 알고 있었다.

영희는 졸업 후 취업을 하여 잘 살아가고 있다고 연락이 몇 차례 오다가 지금은 연락이 되지 않는다. 난 영희에게 연락이 오지 않아서 서운하기도 했지만 다시 생각해 보면 연락을 하지 않은 것은 지극히 당연한 일이다. 영희에게 있어서 그날의 그일은 생각할수록 너무나 힘든 일이었으며 아무리 극복을 하더라도 그날의 아픔은 잊고 살아가는 것이 영희를 위해 좋으리라. 따라서 잊어야 하는 대상 중에 그날을 아픔과 사건도 있지만, 그 사건과 관련된 것 중에 나와의 관계도 포함되어야 하였다.

그래! 그것이 바람직한 것이다. 내가 기억되어 영희가 아픈 것보단 내가 좀 서운하여도 영희가 그 상황을 잊고 살아가는 것이 훨씬 더 좋은 일이리라….

아마 이것이 나와 비슷한 길을 걸어갈 학교사회사업가의 직업병이 아닐까 생각한다.

# 친구의 자살로 알게 된 영신이

4월인가 5월인가 Y여상에서 3학년 학생이 자살을 하였다. 그 학생은 줄곧 정신과 치료를 받고 있었고 투신한 시간은 공휴일이고 투신한 장소는 남자친구네 집 앞이었다.

물론 학교사회사업가인 나도 한 번도 보지 못하고 알지 못하는 학생이지만 너무나 마음이 아팠다.

'왜 막지 못하였을까? 혹시 내가 미리 알고 있었다면….'

여러 가지 생각이 났다. 그러나 분명히 내가 그 아이를 예전부터 알고 있었더라도 자살이라는 비극적 사건을 막지 못하였을 것이다. 나는 나도 모르게 자살을 막지 못했다는 죄책감을 느꼈다.

그래서 담임 선생님과 친구들과 함께 그 아이의 시신이 있는 영안실에 같이 갔다. 그곳에서 조문을 하고 돌아오는 길에 그 반의 학생들이 나처럼 심리적으로 힘들어 한다는 사실을 알게 되었다.

사실 나야 그 아이를 얼굴도 보지 못하고 잘 알지도 못하였는데도 죄책감을 느끼는데, 함께 공부를 하여온 그 반 학생들의 마음은 오죽이나 가슴 아플까?

그래서 담임 선생님과 협의한 끝에 그 반에 가서 위기개입 프로그램을 한 시간 진행하였다.

그 반 아이들의 반응은 다양하였다. 같은 반 학생일지라도 교류가 없었던 친구의 죽음 앞에 별다른 감정이 없이 담담하게 대하는 친구들이 반 정도였고, 여고생의 순정어린 마음으로 자책하면서 슬퍼하는 친구들이 반 정도가 되었다.

그 가운데 저 세상으로 간 친구와 마지막 짝꿍을 한 친구가 바로 영신이란 친구였는데, 영신이는 너무나 슬프게 울었다. 영신이는 많은 죄책감에 사로잡혀 울었고, 하고 싶은 말을 하는 감정 정화 작업에서도 너무나 슬피 울면서 자신을 자책하였다. 일단 한 시간으로는 너무나 부족한 시간이기에 친구를 떠나보내는 감정적 '의식'을 거행한 후에 영신이를 학교사회사업실로 오라고 한 뒤 지속적인 상담을 하기 시작하였다.

영신이도 매우 힘들게 살아가는 아이였다.

엄마는 돌아가셨고, 아버지는 재혼을 하셔서 영신이의 집 근처에 살고 계셨다. 그리고 영신이는 군대에 가 있는 친오빠와 둘이서 함께 살고 있었다. 영신이는 참으로 외로웠다고 하였다. 특히 오빠가 군대에 간 이후에는 더욱더 외롭고 힘들었다고… 그러나 재혼한 아버지에게는 어떠한 표시도 하지 않았으며 어느 누가 보더라도 영신이는 혼자서 잘 지내는 것처럼 보였지만 사실은 그것이 아니었다고. 학교가 끝나고 아르바이트를 하였고, 그리고 나서 불이 꺼져 있는 썰렁한 자신의 자취방에 혼자 들어가야 하는 외로움을 알기 때문에… 그래서 외로움에 떨다가 간 그 친구를 더욱더 슬퍼하고 있었다.

얼마나 힘들었을까? 지금 영신이는 부모의 사랑을 받고 관심을 받아야 할 나이인데도 전혀 그렇지 못하고 있었다. 정서적으로 적당히 응석을 부리며, 아침에 깨워주는 부모와 준비물을 챙겨주는 부모의 관심, 집에서 반겨주는 그런 따뜻한 부모, 아니 그런 부모가 있기에는 현실적으로 힘들고 어렵다면 최소한 영신이에게 따뜻한 관심을 갖고 지켜봐 줄 존재가 필요하였다. 영신이는 지금 자신에게 관심을 가져주고 자신이 자주 연락할 수 있는 그런 정서적 후견인이 필요한 것이었다.

지속 상담을 하면서 영신이에게는 정서적인 결연자가 매우 필요하겠다고 생각이 되어 정서후원자를 소개시켜 주겠다고 하였더니 영신이도 좋다고 하였다. 그래서 평소 알고 지냈던 김혜경 씨에게 영신이 이야기를 하였다. 김혜경 씨는 나보다 나이가 많은 혼자사는 독신녀이었으며 이 분은 신앙으로나 삶의 철학으로나 영신이를 아주 소중하고 귀하게 여겨줄 존재였다.

그래서 만나서 영신이의 상황을 설명하며 어떠한 역할을 기대한다고 부탁을 하였고, 지속적으로 영신이에 대하여 의견을 나누고 함께 도와주자고 말하였다. 물론 그녀는 아주 흔쾌히 승락하였고 그때부터 영신이가 웃음을 되찾기 시작하였다.

그들은 서로가 서로를 믿고 의지하였다. 이들은 서로 언니와 동생으로서 자주 만나고, 혼자사는 이야기를 서로하면서 언니네 집에, 영신이네 집에 서로가 자주 왕래하였다. 특히 학교 축제때에 두 손을 잡고 나란히 서 있는 그 모습 속에서 영신이가 얼마나 행복해 하는지를 알 수 있었다.

그후 영신이는 행복하게 졸업을 잘 하였고 영신이가 졸업하기까지 김혜경 씨의 도움이 참으로 컸다. 영신이와 혜경 씨와 나는 졸업 이후에도 지속적으로 만남을 가져왔다. 영신이는 어느 누군가에게 의미 있는 언니가 되고 싶다고 하였다. 값없이 받은 것을 값없이 주겠다는 마음이었다.

# 선생님! 경은이가 가출한대요

인근 H고등학교 학생들도 학교사회사업실을 찾아왔다. 그렇게 쉬는 시간마다 학생들의 얼굴을 보는 것만으로도 난 행복했다. 워낙 학교사회사업실은 학생들이 많이 찾아오는 곳이다보니 아이들이 자주 왔다갔다 하면서 중요한 정보를 말해 주는 경우도 있었다. 경은이의 경우가 바로 그것이었다. 경은이와 아은이는 학교사회사업실을 자주 찾아오는 귀한 손님이었다. 그들은 쉬는 시간마다 내려와서 이런저런 이야기를 많이 하였는데, 비록 공부는 잘 못하지만 그래도 착하고 성실하게 살려는 순수한 아이들이었다. 그런데 어느날 단짝처럼 붙어다니던 경은이 없이 아은이 혼자만 학교사회사업실을 찾아왔다. 그러더니 아은이는

"선생님! 이리와 보세요. 진짜 절대 누구한테 말하시면 안 돼요. 약속해요."

"알았어! 근데 무슨 이야기인데… 너 또 장난치려고 그러지?"

"그게 아니라니까요! 선생님 경은이가 가출한대요. 벌써 돈도, 짐도 다 준비했어요. 걔네 아빠와 무지 사이가 나쁜 것 아시죠? 어제도 한바탕 했나봐요. 장난 아니예요. 오늘 밤에 나간대요. 선생님 말려주세요. 알겠지요? 내가 말했다고 하면 안 돼요. 선

생님만 믿어요. 담임 선생님에게 말씀하시면 진짜 안 돼요."

"알겠다!"

일단 이렇게 말은 해놓고도 어떻게 해야 할지 사실 난감하였다. 담임 선생님에게 말하자니 나중에 알려져서 나에게 말할 아이들이 없을 것이고, 그렇다고 말하지 않고 있다가 경은이가 정말 가출을 한다면… 그래서 알려진다면… 정말 난감하였다. 아니 무엇보다도 더욱더 난감한 것은 어떻게 경은이의 가출을 막느냐 하는 것이다. 고심 끝에 3교시 과목담당교사에게 경은이와 할 이야기가 있으니까 잠시 수업을 빼달라고 하였다. 그 당시 지리 선생님인 정부매 선생님은 학생들에 대한 이해도 높고 학교사회사업실에 대한 이해도 높은 분이라 순순히 허락하였다. 수업시작 후 경은이는 학교사회사업실로 찾아왔다.

"선생님! 부르셨나요?"

"응! 내가 불렀지, 보고 싶어서…."

"선생님! 그러지 말아요 느끼해요.(사실 나의 별명은 마요네즈였다.)"

"마실 것 줄까? 일단 앉아!" 경은이를 앉히고 나서

"요즘 많이 힘드니? 예전에는 학교사회사업실도 잘 왔는데 요즘은 잘 안 오고… 얼굴도 어두운 것 같고… 집에 무슨 일이라도 있니?"

"왜요! 누가 뭐라고 해요?" 신경질적으로 물었다.

"아냐! 선생님이 보기에 경은이가 매우 힘들어하는 것 같아서 이렇게 이야기하는 거야!"

"힘든 것 없어요!"

"정말? 그래 그렇다면 다행이고… 어머니는 안녕하시니? 아버지는?"

"아버지 이야기 하지 말아요. 에이씨 졸라 짜증나게…." 하면서 경은이는 눈가에 눈물이 고인 채 씩씩거리고 있었다. 나는 주머니에서 조심스레 손수건을 꺼내 앞에 내려놓았다. 경은이는 손수건을 마다한 채 눈물을 그대로 흐르게 놔두며 하나씩 아버지에 대한 이야기를 털어놓기 시작하였다.

아버지는 경은이를 싫어한다. 경은이가 예쁘게 생기지도 않았고, 딸아이 같지 않게 다가오지도 않는다고, 게다가 공부도 못한다고 하면서 자신만을 괴롭힌다는 것이다. 특히 밖에서 화가 난 일이 생기는 날이면 잠자는 자신도 깨우고 엄마에게 신경질도 많이 부린다고 하였다. 그런 아버지가 무섭고 싫다는 것이다. 경은이가 쏟아내는 이야기는 3시간이 넘어갔다. 2교시, 3교시, 4교시 계속 수업에 들어가지 않고 엄청 쏟아내는 이야기는 이 아이에게 숨을 쉴 수 있는 기회가 되었다고 생각된다.

계속되는 이야기 속에 나는 꾸준히 듣기만 하였고, 그렇게 듣고 있는 가운데 경은이는 어느덧 가출의 계획도 이야기를 하게 되었다. 경은이가 많이 힘들었을 것을 지지해 주면서 격려를 많이 해 주었다. 그리고 선생님이 도와줄 수 있도록 기회를 달라고 했다. 즉 어머니와 아버지에게 네가 얼마나 아프고 힘들었는가를 이야기 해보기를…. 그리고 선생님이 도와줄 수 있는 것들에 대하여 말하였다. 경은이는 아무도 자신을 도와줄 수 없다고 하면서 거절하였지만 내가 제시한 것들에 대하여 막무가내로 거절하지는 않았다. 일단 경은이에게는 가출이 너에게 얼마나 도움이 되는지에 대하여 생각해 보기로 했으며, 너무 힘겨워서 집에 들어가기 힘들다면 친구네 집에서 자면서 이런 저런 이야기를 해보라고 하였다. 그리고 부모님께 말을 꺼내기가 어렵다면 그것은 선생님이 도와줄 수 있다고 하고, 오늘 아은이네 집에 자면서 가출에 대하여 충분히 생각해 보라고 말하였다. 정말 꼭 가출을 해야겠다고 판단된다면 그때 다시 선생님과 이야기를 하자고 하였다. 어느덧 마지막 6교시가 끝이 나고 하루종일 경은이와 이야기를 하면서 우린 결론을 내리게 되었다. 일단 오늘은 집에 들어가기 싫다. 따라서 오늘은 아은이네 집에서 자겠다. 그리고 경은이 아버지보다는 어머니에게 말하기가 더 수월하므로 어머니에게 허락을 받고 자는 것으로, 그리고 어머니를 선생님이 만나서 경은이에 대하여 상의를 하겠다는 결론을 내리게 되었다.

그리고 종례에 들어갔다. 아은이에게는 오늘 하루종일 있었던 일들에 대하여 이야기를 충분히 하였고, 너의 도움이 필요하다고 하면서 경은이가 충분히 생각할 수 있도록 곁에서 도와주라고 말하였다. 그리고 밤에 무슨 일이 생기면 전화하라고…. 그리고 담임 선생님과도 이야기를 하면서 담임 선생님과 함께 경은이 집으로 가정방문을 갔었다. 일단 어머님도 지난밤의 일 때문에 마음이 많이 상해 있었다. 어머니는 아버지와 경은이가 서로 너무나 맞지 않아서 힘들다고 하였다. 어머니가 바라보는 가족에 대한 안타까움도 충분히 느낄 수 있었다. 담임 선생님도 경은이의 심정과 가정 내에서의 어머니의 심정을 보면서 학교에서는 잘 하고 있으니 집에서의 협조를 당부하였다. 일단 그 집안의 변화 주체로서 어머님이 가장 중요하였다. 어머니와 충분히 이야기하며 아버지의 조그마한 변화시도를 촉진해 주시길 바라고 경은이에게 보호막이 되어달라고 부탁하면서 집을 나왔다.

경은이의 담임 선생님은

"선생님은 정말 전문가이시군요. 아이의 문제에 대하여 이렇게 가정의 변화를 유도해 낼 수 있는… 선생님 같은 분들이 경은이와 교사인 제게도 정말 필요합니다."라고 말하였다.

"아니 뭘요. 저와 같은 학교사회사업가들이 하는 주요한 일인걸요. 선생님은 교육 전문가이시잖아요. 선생님과 함께 팀을 이룬다면 학생들의 교육과 성장에 큰 힘이 되겠지요."라고 말하면서 우리는 함께 아은이네 집도 방문하였다.

아은이도 열심히 경은이를 위해 잘해주고 있었다. 그것은 단순히 잘해주는 것이 아니라 외로웠던 경은이에게 '내가 있잖아'라는 표현을 해 주는 존재의 표시였다. 아은이네 집에 함께 가서 조금이라도 밝게 변한 경은이를 보면서 우린 안심하였다.

다음날 마음 졸이며 있었는데 경은이와 아은이가 나란히 학교에 잘 왔다. 경은이는 어제와는 달리 많이 안정되어 있었다. 아은이는 작은 목소리로 '어제 경은이 어머니한테 전화가 왔었다'고 말했다. 학교에서 선생님들이 다녀가셨는데 학교에서 경은이가 그렇게 생활을 잘 하고 있는지 몰랐고 그렇게 많이 힘들었는지 몰랐다고… 엄마가 많이 도와주겠다고….

경은이는 가출계획서를 아은이와 내가 보는 앞에서 찢어버렸다. 경은이는 분명 외로웠던 것이었다. 그 후 경은이는 졸업할 때까지 학교사회사업실에 많은 힘이 되어 주었고, 나중에 고3 때 크게 일을 치르긴 했어도 무사히 졸업을 잘 해서 지금은 어엿한 처녀가 되어 있다. 그때에 만났던 어머니는 그 이후 지속적으로 상담을 하였고, 경은이에게 큰 힘이 되어 주었다. 아버지는 끝내 만날 수 없었지만 경은이의 안정으로 그다지 큰 마찰은 일어나지 않았다.

나중에 경은이는 졸업 직전에 학교사회사업실 도우미로 출연하기도 하였었다. 경은아! 아은아! 보고 싶구나.

# 선생님! 저 담배 한 대만 빨고오면 안 될까요?

승기는 중학교 때부터 주먹으로 놀았다. 그렇다고 '짱'을 할 정도는 아니었지만 외관상으로는 나름대로 험상궂게 보였고(나이는 10대, 힘은 20대, 옷차림은 30대, 모습은 40대로 보일 정도이다.) 중학교 때부터 오거리파의 행동대원으로서 형들의 비호를 받고 있었다. 초기에 배정을 받고서도 담배냄새를 풍기면서 학교에 왔던 녀석이다. 그러던 중 어느날은 학교사회사업실에 우연히 나타났다. 그때 나는 담배냄새가 지독하게 나는 승기에게 절연 프로그램을 권유하였고, 녀석은 하겠다고 해놓고선 다시는 나타나지 않았다. 아마 나름대로 짱을 자처하면서 짱으로서 학교사회사업실의 프로그램을 진행한다는 것이 어느 정도 자존심이 상했을지도 모르겠다. 그래서 그냥 놔두었다. 그러던 어느날, 담임 선생님에게 이끌려 학교사회사업실로 왔다. 그날은 교복도 입지 않았고 머리도 헝클어지고 신발도 슬리퍼를 신고 있었다. 도무지 학생이라고 볼 수 없었다. 담임 선생님은 학생부장님이었는데, 벌써 학급에서 큰 일(?)을 치른 모양이었다.

"선생님! 이 녀석좀 어떻게 해 봐요. 세상에 이런 모습으로 학교에 나오다니… 정신이 있는거야 없는거야? 확 잘라버릴 수도 없고 말이야.” 이렇게 으름짱을 놓고 난 후 학교사회사업실 밖에 나가서 조용히 물어보았다.

“어떻게 된 거에요?”

“실은 아침에 조회에 갔는데 저 녀석이 저런 몰골을 하고 퍼져 자고 있는거야! 그래서 머리를 쥐어 박고 일어나라고 했더니만 부시시 하게 일어나서 지랄을 하잖아. 애들도 많은데 웬만하면 넘어가려고 했는데 말야… 가뜩이나 학교 분위기 안 좋은데… 지를 위해 내가 교장, 교감에게 얼마나 소리듣고 있는 줄 알아? 나한테 그러면 안 되지….”

학생부장도 웬만하면 잘 흥분하지 않는 사람인데 많이 흥분하였다. 뒤에 아이들에게 들은 이야기로는 정말 말도 아니었다고 한다. 조금만 더 학생부장의 기가 약했더라면 학생부장과 흔히 말하는 ‘짱’이 아이들 앞에서 치고받고 싸울 수 있었던 상황이었나 보다.

일단 학생부장이 돌아가고 난 후 난 승기에게 다가갔다. 승기도 역시 흥분이 가라앉지 않아서 씩씩대고 있었다. 그런 승기에게 물을 한 잔 주었다.

“지금 마음이 어떠니?”라고 물었더니 한참 후에야

“X 같아요! 나 지금 나가봐야 하는데… 나가야겠어요.”

“지금 나간다고?”

“나 지금 가야겠어요. 그러니 말릴 생각은 하지 마세요.”

“난 말릴 생각은 없다. 굳이 네가 가야 한다면 말이야. 그러나 네게 분명히 생각하고 난 후 결정하게 하고 싶다. 지금 네가 학교를 나가면 학교에 다니기가 어렵다는 것이다.”

막무가내로 나가야겠다고 우겨대는 녀석에게 나는 생각점을 던져주었고, 그 녀석에게 적중하였다. 말로는

"몰라요. 그냥 나갈래요."라고 하였지만 그럼에도 불구하고 녀석은 뭔가를 생각하는가 보다. 잠시 고민하는 녀석에게 난 협상할 수 있는 제의를 하였다.

"정말 나가고 싶다면 나와 함께 나가자! 정말 네가 학교에 다니고 싶은 마음은 있지만, 지금 네 가슴이 터질 것 같다면 나와 함께 나가자! 교장, 교감 선생님께 말씀드려 나갈 수 있도록 하는 것이 내가 도와줄 수 있는 것이다."

녀석은 학교의 '짱'으로서 학교를 그만두고 싶은 생각은 아직 없었나보다. 게다가 학기 초에 이런 일이 발생하면서 여러 가지를 많이 생각하였는지 나의 제의를 수용하였다. 문제는 어떻게 교장, 교감 선생님께 설명하여 허락을 받느냐 하는 것이다.

"뭐요? 그 아이를 데리고 나가서 뭘 하겠다는 거요? 공부하기 싫으니까 나가겠다는 것이지… 그런 것까지 학교가 허락하고 수용해야 한단 말이요? 도대체 윤실장은 정신이 있는 거요? 없는 거요?"

"교장 선생님! 단순히 공부하기 싫어서가 아닙니다. 오늘 아침의 몰골로 보면 뭔가 중대한 일이 생긴 것 같습니다. 그 아이에게 다른 환경으로 다가가 학교에 잘 다닐 수 있도록 도와줄 필요가 있습니다. 아이가 원한다고 데리고 나가는 것이 아니라 제가 아이에게 도움을 주기 위해 외출프로그램이 필요하다는 것입니다. 허락해 주십시오."

갑론을박의 우여곡절 끝에 겨우 허락을 받아내어 그 아이를 데리고 나가게 되었다. 단 2교시에 나가서 종례 때까지 다시

들어오는 조건으로 말이다. 나는 아이에게 이 사실을 말하고 일단 학교 밖을 나왔다. 학교 교문 밖을 나오자 마자 녀석은 나에게

"선생님! 저 담배 한 대만 빨고오면 안 될까요?" 난감했다.

'난 네 녀석을 위해 교장, 교감 선생님과 혈전을 벌여가면서 데리고 나왔는데 너는 겨우 담배 한모금 빨 생각이나 하고….' 이런 생각이 나기도 했지만 더욱더 나를 난감하게 한 것은 지역 주민들의 '뛰어난 신고정신'(?)이었다. 즉 학교 주변 주택가에서 담배를 피우면 학교로 즉시 전화를 한다. 그러면 학생부장 선생님은 자전거를 타고 나가 그 아이들을 소탕해 오는 신고체제가 자연스럽게 잘 형성이 되어 있는 학교 주변이었다.

'내가 이 녀석에게 담배를 피우지 말라는 말을 하더라도 무슨 의미가 있을까? 통제력을 상실한 나의 금지령은 이 녀석에게는 아무런 의미가 없음을 내가 알고 있는데… 그렇다고 담배를 피우라고 하면 녀석은 나를 어떻게 볼까? 그러다가 지역주민에게 발각되어 신고라도 하게 된다면 나는 학교에서 뭐가 될까? 다시는 학교사회사업실에서 실시하는 프로그램을 신뢰하지 않겠지? 참 난감하다.'

순간 나는 고민하였고 그것을 승기가 놓칠 리 없었다. 나는 예전에 승기에게 담배 절연 프로그램에 참여하겠다는 서약서를 받아둔 적이 있었다. 물론 승기는 그 이후로 학교사회사업실에는 단 한번도 오지 않아서 서약서는 한 장의 종이의 의미밖에는 없었다.

"너 지난 번에 학교에서 담배를 피우지 않겠다고 약속했잖아."

"여기는 학교 안이 아니잖아요."

'녀석! 네 녀석도 기억하고 있구나. 그렇다면 내가 자기를 해치지 않을 것을 알겠지? 그렇다면 나와 자신은 공동운명이라는 것도 알겠다.'

나는 녀석이 우리의 약속을 기억하고 있다는 것만으로도 기분이 매우 좋았다. 그래서 희망을 엿보기도 하였다. 얼마나 반갑던지….

"그래! 한 번 빨고 와. 단 3분이다."

"네! 알겠어요."

"담배는 사지 마라!"

"걱정 마세요. 다 짱박아 둔 곳이 있어요."

그리고 사라졌다. 난 후미진 골목 안에서 3분을 기다렸다. 그때의 3분은 거의 3일과도 같았다. 마치 내가 담배를 피우는 학생처럼 마음이 불안하였다. 저기서 녀석이 보인다. 신나서 좋아할 줄 알았는데….

"기분 어떠니? 좋으냐?"

"아뇨. 괜히 했나봐요. 더러워요."

이유는 묻지 않았다. '기분이 더럽다(?)' 그것은 신뢰하는 선생님에게 담배를 피우겠다고 허락을 받아낸 것이 이내 마음에 걸림을 나타내는 표현이겠다고 생각하였다. 물론 확인은 안 해봤지만….

"자! 가자! 너와 함께 갈 곳이 있어." 하고 난 녀석을 데리고 목욕탕을 들어갔다. 아침 9시가 조금 넘었을 시간 목욕탕에는 아무도 없었다. 녀석이 너무나 피곤해 하길래… 녀석은 옷을 훌훌 벗더니 탕에 들어가 눈을 감고 그리고 저쪽으로 가서 잠을 잔다고 하였다.(사실 난 목욕탕에서 잠도 오질 않았지만 잠을 잔다는 것도 상상하지도 못하였다. 근데 녀석은 형들을 따라 많이 해봤나보다. 수건을 얼굴에 덮더니 이내 곧 코를 골았다.)

녀석이 깨어나기를 기다린 후 이런 저런 이야기를 물어 보았다. 녀석도 이런 저런 이야기를 털어 놓았다. 녀석의 이야기이다.

날품을 팔고 있는 아버지와 일수놀이를 하고 있는 어머니 사이에서 형과 승기는 태어났다. 주로 어려서부터 매를 맞고 자랐고, 아버지와 어머니의 사이는 아주 좋지 않았다. 그래도 형은 집안을 바로 잡으려고 많이 노력하지만, 자신은 집구석이 너무나 싫고 아버지가 너무나 싫었다고 하였다. 그래도 아버지와 어머니는 아들만큼은 고등학교를 졸업하기를 원하였고 형은 고등학교 졸업 후 군에 가 있는 상황이었다. 형이 군대를 가면서 부모님의 다툼은 더욱더 심해졌고 승기의 탈선도 함께 심하여졌다.

그러던 바로 어제. 승기가 새벽 1시에 집에 들어왔을 때에는 아무도 없었다. 그러다 아버지가 돌아오고 그리고 맨 나중으로 어머니가 돌아왔다. 역시 예상대로 서로 치고 받고 난리가 났다. 그때 아버지는 술기운에 어머니를 의자로 내려쳤고 어머니는 머리를 맞아 피를 흘리게 되었다. 승기는 그 새벽에 어머니를 부축하여 병원 응급실로 갔고, 어머니가 울면서 '고등학교만이라도 꼭 졸업해야 한다. 집을 나가도 학교는 그만두면 안 된다!'라고 말하면서 사정하였단다. 승기는 병원 응급실에서 있다가 새벽 5시 30분에 어머니가 학교에 갈 것을 사정하여 아무 생각없이 학교에 왔고, 시간이 이르니까 잠시 눈좀 붙이고 집에 가서 옷을 갈아 입고 다시 나온다는 것이 그만 8시 40분 조회 때까지 책상 위에 엎드려 잠을 자버린 것이다.

승기 자신도 학교는 졸업해야겠다는 생각이 든다고 하였다. 매일 때리는 자신의 아버지는 국졸이라서 스스로 창피해서 자식을 때린다고 생각하였다. 자신은 고등학교는 졸업하여 자식에게 적어도 창피하지 않는 아버지가 되고 싶다고 하였다.

목욕탕에서의 이야기였다. 이후 우리는 계란과 우유를 먹은 후 자장면을 시켜 먹고 3시 30분쯤 나왔다.

"선생님! 꼭 학교로 다시 들어가야 해요?"

"승기야! 생각을 해보자. 안 들어가면 교장, 교감 선생님이 너를 어떻게 보겠어? 다시는 네게 신뢰를 보이지 않으실거야. 3년이란 시간을 신뢰감이 없이 지낸다고 생각해봐!"

승기는 내말이 무슨 말인지 잘 알고 있었다. 따라서 아무말 없이 학교에 갔다. 종례 후 나는 승기와 함께 어머니 병원에 갔다. 승기가 집에 들어가기 싫다고 하여 우리 집에서 함께 잠도 잤다. 승기의 어머니가 퇴원할 때까지 그렇게 지냈다. 아버지를 만나고 싶었지만 승기가 완강하게 거부하였고 어머니도 거부하였다.

'그는 누군가를 만나서 변화될 사람이 아니며 괜히 집안이야기 밖에 가서 했다고 애만 잡아 족칠 사람이다.' 라고 하면서….

그 이후로 승기와 친해졌다. 승기와 친해지니 학교가 조용해졌다. 일명 '짱' 이 학교에서 얌전하게 지내니 학교로서도 좋은 일이었다. 나는 그 이후로도 계속 승기와 그 어머니를 만났다. 왜냐하면 '그 가족에게 뭔가 도울 일이 있을까?' 하는 마음이 자꾸 생겨나서 말이다. 그러나 냉정하게도 내가 그 가족에게 도울 일은 없었다. 그 가족은 18여 년 동안 그렇게 '지지고 볶으면서' 지내온 가족이었다. 상처를 입으면서도 강인하게 살아온 그 가족에게 만난 지 2년도 되지 않는 내가 무슨 영향을 얼마나 줄 수 있단 말인가. 내가 도울 수 있는 것은 다만 간혹 승기의 어머니 이야기를 들어주는 것과 학교에서 승기가 힘들어 할 때에 먼저 가서 대화를 청해 주는 것이 전부였다. 나는 승기가 대단해 보였다. 승기가 주먹을 휘두르고 우쭐해 보이려고 노력하는 그 모든 것들이 예전에는 한없이 미웠지만, 지금은 살고자 하는 하나의 몸짓으로 여겨진다. 살아있는 하나의 생명이기에 그의 반항은 이유가 있고 충분히 납득할 만한 부분이 많은 것이다. 그렇다. 승기야! 제발 어렵고 힘든 상황에서라도 포기하지 말고 어떻게 해서든지 건강하게 살아다오. 난 너를 이해할 수 있단다.

# 3개월 만에 접어둔 지성이의 자살계획

TV에서 청소년 자살에 대한 뉴스가 보도될 때면 난 지성이가 생각난다. 지성이는 아주 작고 볼품없이 생긴 왜소한 고3의 소녀였다. 어느날 친구들에 이끌리어 학교사회사업실로 찾아오게 되었다.

"선생님! 세상에 지성이가 자살한대요. 도무지 저희 말은 듣지 않아요. 그래서 이렇게 데려왔어요. 도와주세요."

친구들 세 명이 아주 조심스럽고 긴박하게 숨을 몰아쉬고 있었다. 그리고는 지성이를 밀어넣고는 담임 선생님에게는 양호실에 갔다고 말했단다. 그러면서 수업에 가겠다고 갔다.

아이들은 교실로 돌아가고 지성이만 남았다.

"지성이라고 했지? 마실 것 좀 줄까?"

"……"

"좀 앉지 그래!"

"……"

처음에는 어떠한 이야기를 하여도 전혀 말을 하지 않았다. 그리고 창밖을 바라보기만 하였다.

'자살이라! 이것은 생각만해도 끔찍한 일이었다. 게다가 자살을 하겠다는 학생은 지성이가 처음이라 나도 아무 것도 모르지 않는가?

무리하게 말을 하지는 않았다.

"지성아! 말하고 싶지 않으면 안 해도 돼. 그러나 선생님은 지성이의 말이 듣고 싶다. 그러니까 …기다릴게, 네가 말할 준비가 될 때까지… 네 옆에서 기다릴게."

지성이는 아무런 말을 하지 않았다. 그러기를 한 30분 정도가 흘렀을까? 나는 너무나 긴장되고 두려워서 더 이상 기다릴 수 없을 것 같았다. 도저히 참을 수 없는 상황에서 말을 하려고 하였는데….

"저~어. 선생님! 선생님은 행복하세요?"

이 말에 나는 너무나 희망적이었다.

"글쎄, 지성이는 어떤데?"

"정말 살기 싫어요… 나는 아무 것도 아니예요….

"지성아! 지성이의 말을 내가 이해할 수 있도록 조금만 더 이야기해 줄래?"

그때부터 조심스레 말하는 지성이는 말하는 것조차 너무나 힘겨운 아이였다. 세상은 외롭고 아무런 의미가 없어서 자신은 자신에게 남은 마지막 의미를 찾기 위해 자살을 할 것이라고 하였다.

"지성아. 어떻게 해서 너의 의미를 찾고자 하니? 내게 말해 줄 수 있니?"

지성이가 보여 준 자살계획서는 너무나 철두철미하게 준비되어 있어서 난 소스라치게 놀랄 수밖에 없었다. 그 계획서에는 마지막 죽음의 장소로 자신의 방을 선택하였고, 자살하기 전에 모든 사람을 다 만나며, 어느 곳을 가며, 그래서 어떻게 죽겠다는 방법까지 자세히 기록되어 있었다.

"지성아! 세상이 의미 없다는 말 네가 책임질 수 있니? 세상의 의미를 어떻게 생각하는데? 너는 그 세상의 의미 속에 포함되어 있지 않다고 말할 수 있니?"

"없어요. 내 주위의 모든 사람들은 다 위선과 허상이에요. 모두들 날 위해 주는 것 같지만 결코 나를 위해 주지 않는다고요."

"정말 그렇게 생각하니? 네가 생각하는 세상이 정말 위선과 허상이라고 생각하니? 만일 그렇지 않다면… 네가 발견하지 못한 너의 의미와 삶이, 이 세상에 존재할 의미가 풍부하다면 너는 어떻게 하겠니? 너의 주관적 판단으로 세상을 판단한다는 것이 얼마나 어리석은 짓인데…."

"그래요. 난 어리석어요. 그러는 선생님은 똑똑해서 삶의 의미를 찾아 정말 행복하신가요? 좋겠어요."

냉소적인 그 말! 그 아이는 정말 무서운 아이였다. 그 아이는 자신이 존재하는 의미를 발견한다면 자살같은 것은 하지 않겠다고 하였다. 그러나 그러한 일은 없을 것이라 하면서 10일 후면 자살할 것이라고 하였다. 정말 두려웠다.

내가 그 아이와 할 수 있었던 것은 10일 이내에 그가 세상을 바라보는 의미거리를 발견하게 해 주는 것이었다. 이것은 하나의 게임이었다. 마치 하이틴 순정만화에서나 볼 수 있는 그런 게임 말이다.

나의 조건은 지성이가 매일 한 시간씩 나와 만나는 것이다. 지성이는 어느 누구한테도 자신의 얘기를 하지 않을 것을 말하였다. 만일 누군가에게 말한다면, 그때에는 계획을 앞당겨 실행하겠다고 했다. 지성이 아버지는 어머니와 사별하였고, 중학교 3

학년 때 재혼을 하셨는데, 2년 후 아버지가 사고로 돌아가셨다 지성이는 지금은 장사를 하시는 새어머니와 함께 살고 있었다. 동생도 없고 아무도 없었다. 새어머니가 자신에게 못해주지는 않지만 좀처럼 정이 들지 않는다고 했다. 아버지의 갑작스러운 사고로 인해 세상에 달랑 남겨진 지성이. 정말 외롭고도 힘들었을 것이다. 어쨌든 어느 누구에게도 자신의 계획을 말하지 말라고 했다.

정말 어렵고 힘든 조건이었다. 이때에 전문적인 지침을 생각하게 되었다.

'자살, 방화와 같은 긴급한 상황은 비밀 보장의 원칙에서 예외일 수 있다' 는 말.

무엇부터 어떻게 해야 할지 몰랐다. 일단 친구들에게 지성이가 주로 어떻게 지내는가에 대하여 물어보았다. 지성이의 친구들은 적극적으로 도와주었다. 지성이가 사는 집, 사는 동네, 새어머니가 장사하시는 시장, 교회 등등을 모두 가보았다. 그리고 초등학교 때부터 지성이의 생활을 듣게 되었다. 지성이는 어머니의 죽음과 사고로 인한 아버지의 죽음에 너무나 큰 충격을 받게 되었고, 자신의 볼품없는 외모를 비관하여 자신은 세상에 존재할 이유가 없다고 했다는 이야기를 듣게 되었다. 친구들에게는 지성이를 혼자 두지 말라는 것과 함께 10일이 고비이니 그때까지만이라도 함께 잠을 자는 것, 밥을 함께 먹을 것을 부탁하였다. 그리고 지성이의 어머니를 만나게 되었다. 영등포 시장에 있는 한 식당이었다. 그 어머니도 많이 지쳐보였으며, 자신도 너무 힘겨워 여러 번 죽고자 하였다고 하였다. 일단 어머님을 지지해 드리면서 지성이가 많이 외롭고 힘들어 하는 것 같다는 이야기 그리고 자살에 대하여 생각하고 있다는 이야기를 말씀드렸다. 그랬더니 별로 놀라지는 않고 '그래서는 안 되지요.' 라고 하시면서 어떻게 해야 하냐고 물어오셨다. 그래서 일단 집에 오시면 지성이가 자고 있는지를 확인해 주시고, 지성이 학교갈 준비나 양말이나 옷 가지 등을 챙겨주어 지성이에게도 주변에 사랑하는 사람들이 있다는 것을 느끼게 해달라고 하였다. 우리의 작전은 치밀하고도 면밀하게 이루어졌었다. 담임 선생님에게도 조심스레 말하였다. 담임 선생님은 침착하게 상황을 받아들이셨으며, 누구나 한번쯤 그래보는 일이기를 바란다고 하였다. 그러면서도 표나지 않게 지성이를 위해 관심을 보이시겠다고 하였다. 이렇게 지성이를 둘러싼 여러 사람들의 보이지 않는 노력으로 10일째 되는 날 지성이는 학교사회사업실에 들렀다.

"이상해요. 요즘 세상이… 예전에 그렇지 않았는데… 이상해요. 마구마구 약속이 생기면서 사람들이 나를 위해 주는 것 같네요."

"거 봐라! 분명 세상은 그렇게 외롭거나 의미없는 것이 아니야!"

"선생님! 조금 더 두고 봐야겠어요. 일단 모든 계획은 3개월 후로 미루겠어요. 선생님과의 약속도 3개월 후로 미룹니다."

일단 성공이었다. 그런데 그 이후 무엇을 어떻게 해야 할지 너무나 난감했다. 그러던 중 지성이가 예전에 연극에 관심을 많이 보였으며 최근 교회 전도사님에 대하여 의존을 했었다는 것을 알게 되었다. 그래서 ○○교회 전도사님을 만나 그동안의 말씀을 드리면서 협력을 구하게 되었다. 전도사님은 지성이의 상황에 대하여 어느 정도를 알고 있었다. 겨울 수련회 때에 지성이와 많은 이야기와 기도를 했다고 하였다. 장시간을 통해 말하면서 우리는 중요한 것을 발견하게 되었다. 지성이가 연극에 많은 관심을 보였지만 항상 연극의 주인공은 공부를 잘 하거나 능력 있거나 예쁜 아이들만이 차지한다고 하였다는 것을 기억하였다. 따라서 전도사님은 혹시 가을의 연극 축제 때를 맞추어 지성이를 연극 주인공으로 발탁하여 신앙적으로나 의미를 찾게 하자고 하였다. 참 좋았던 것 같다.

그 후로 전도사님은 지성이를 위해 기도를 많이 하였고, 연극 제안을 하였으며 지성이를 위한 연극제를 준비하였다. 정확히 3개월 후 지성이는

"선생님! 이젠 전 자살하지 않을래요. 이건 선생님이 없애 주세요."라고 하면서 자살 계획서를 나에게 주었다. 나는 지성이와 함께 그것을 불태웠다. 그리고 나서 건네는 선물이 있었다. 해주었다.

"지성아! 웬 선인장이니?"

"선생님! 선인장은 그 존재만으로 의미가 있잖아요. 어느 누구도 선인장이 꽃을 피울 수 있다는 것을 모르거든요. 그러나 선인장은 꽃을 피울 수 있는 능력이 있어요. 사람들이 알아주지 않더라도 선인장은 그 존재만으로도 의미가 있지요. 저는 선인장과 같아요. 언젠가 꽃을 피우게 되어 세상을 놀라게 해 줄 그런 선인장 말이에요. 선인장을 보면서 저를 생각해 주세요. 그동안 참 감사했습니다.

우린 이렇게 헤어졌다. 그리고 한동안 만나지 않다가 교회의 연극제 때 무대 위에 서 있는 지성이를 보았다. 그리고 졸업식 때도 보았다. 지성이는 분명 꽃을 피울 준비를 하고 있었다.

124

# 한겨레신문사 박종생 기자의 방문

학교사회사업실이 문을 연 지 첫해에 경아, 세진, 지혜, 정욱 등 참으로 예쁘고 귀한 아이들이 학교사회사업실을 많이 들러주었다. 이 아이들은 나와는 특별한 관계-이들은 모두 친하였고 이들 중 경아와 나는 닮았다는 이유로 서로가 가까워진 그런 관계-로 학교사회사업실에 자주 들렀고 이들과의 특별한 관계는 학교사회사업실의 홍보요원과 도우미로 자리매김이 되고 있었다.

이들은 쉬는 시간마다 제일 꼭대기 층인 4층 저 동편에서 부터 1층 서편에 있는 학교사회사업실까지 내려오곤 하였다. 왔다 가는 데만도 10분이 소요될 터인데도 이들은 매 시간마다 내려오곤 하였다. 정말 이들은 대단하였다. 얼마나 고맙고 소중한 아이들인지….

어느 날 학교사회사업실에 외부로부터 전화가 왔다. 한겨레 신문사의 공동체 섹션을 담당하는 박종생 기자인데 Y여상의 상담실이 학교의 부속 기구로가 아닌 하나의 삶의 공동체로 자리매김이 되었다고 들었다며 취재를 해도 좋겠냐는 것이다.

그래서 일단 만나보기로 하였다. 기자를 만나보기는 처음이라 나름대로 긴장을 하였다.

'분명 기자는 멋지게 차려입고 아주 샤프하게 생긴 사람일 것이야. 내가 그 똑똑한 기자에게 바보처럼 학교사회사업을 설명하면 어떻게 하지? 아니 취재를 하러 왔다가 취재거리가 되지 않는다고 하여 그냥 돌아가면 어떻게 하지? 학교사회사업에 대하여 잘 모를텐데 어떻게 설명하면 되나?' 등등 온갖 여러 가지 생각이 났다.

드디어 박종생 기자가 찾아왔다. 정문에서 수위아저씨가 인터폰으로

"신문사 기자가 만나러 들어갑니다."라고 하여 더욱더 긴장하였다. 그리고 서둘러 운동장을 보니 넥타이에 정장을 입고 있는 사람의 모습은 보이지 않았다.

'기자들은 걸음도 빠르기도 하지, 금방 어디로 갔나?'

그러다 누군가 학교사회사업실의 문을 두드렸다.

"저 실례합니다. 학교사회사업실 맞죠? 윤철수 선생님이 어느 분이시죠? 한겨레 신문사 박종생 기잡니다."

박 기자님은 내가 상상하였던 그런 모습이 아니었다. 수수하고 편안한 복장으로 그리고 이웃집 형처럼 서글서글한 모습으로 서있었다. 순간 나는

'기자 맞나? 기자보다는 대학 선배 형 같다.' 라는 생각을 하였다.

그러나 본격적인 취재에 들어가게 된 후에는 매우 적극적으로, 날카롭게 취재를 하였다. 학교사회사업에 대한 이야기를 할 때에는 굉장히 생소한 이야기를 잘 들으면서 매우 꼼꼼히 기록하였다. 그리고 나서

"선생님 이야기 잘 들었습니다. 근데 부탁이 있어요. 우린 선

생님의 이야기보다는 아이들의 이야기를 담고 싶은데, 오늘과 내일 제가 이곳에 있으면서 취재를 해도 되겠지요?"

그는 이렇게 부탁하곤 이틀을 꼬박 취재를 하였다. 그는 아이들의 이야기를 듣고자 많은 노력을 하였고 아이들과 만나보면서 기사를 썼다.

취재가 끝난 후 그는 다음 주 토요일에 신문이 나올 것이라는 말을 남기고 갔다.

신문에서 어떻게 다루어질 것인가가 나는 매우 궁금하였다.

그리고 토요일이 되었다.

한겨레 신문을 사서 보았다. 세상에나 세상에나… 처음으로 맛보는 활자화, 기사화의 힘이었다. 아이들과 함께 한 이야기들이 이렇게 크게 나오다니… 게다가 내가 아는 아이들의 모습과 이야기가 이렇게 나오다니… 정말 행복했고 믿기지 않았다. 마치 꿈만 같았다.

그 전까지는 학교사회사업이란 무엇인지에 대하여 여러 번, 많은 단어로 설명을 하곤 하였는데 그 기사는 학교사회사업가가 아이들과 함께 학교에서 무엇을 하는지에 대하여 말해 주는 그런 공증서와도 같았다. 더 확대해서 말하자면 학교사회사업가는 학교에서 아이들이 행복하게 학교생활을 할 수 있도록 도와줄 수 있다는 일종의 허가증과도 같았다.

그 허가증을 펼쳐 본다.

〈1997년 7월 5일 토요일, 한겨레 신문, 한겨레 창, 12면〉

**※ 상담실의 작은 혁명**

삭막하던 상담실, 썰렁하던 상담실, 이젠 꽃으로 웃음으로 아이들로 시끌벅적

사회복지사에게 열쇠를 맡긴 지 다섯달 만이다.

윤철수 씨, 그는 정말로 아이들의 고민을 해결해 준단다.

**※ Y여상의 놀라운 변화**

Y여상 상담실은 쉬는 시간이면 영락없는 장터다. 20여 명의 학생들이 쉴새없이 재잘댄다. 여름 캠핑에 같이 가자며 상담선생님을 조르는 학생, 칠판에 친구와의 약속을 적어 넣는 학생 등 다들 분주하다.

지난해까지만 해도 생각지도 못했던 풍경이다. 상담실을 찾아오는 학생들이 너무 없어 지난해에는 상담교사마저 배치하지 않고 학생들만의 공간으로 남겨둔 곳이다. 하지만 상담실은 여전히 주인이 없는 구석진 곳일 뿐이다.

그러던 것이 올해 2월 '학교사회사업가' 라는 생소한 이름의 전문상담가가 배치되면서 사정이 달라졌다. 1학기에만 상담을 요청한 학생이 전체 2천 4백여 명 중에서 110명이나 된다.

학교 사회사업이란 학생들에게도 '복지' 의 개념을 도입하자는 취지에서 전문 상담가가 학생들의 적응을 도와주는 활동을 이야기한다. 학교사회사업가는 학생들에 대한 심리치료는 물론 학교 폭력과 같은 문제에 원인을 제공한 가정, 사회환경에까지 적극 개입해 해결의 실마리를 찾는다. 현재 Y여상, Y중학교, K고등학교 등 서울시내 3개 학교에 시범 배치된 이들은 모두 사회복지학 석사학위를 받은 전문 상담가들이다.

Y여상 학생들은 아직 학교사회사업가가 뭔지 잘 모른다. 그냥 '상

담실 선생님' 일 뿐이다. 하지만 학생들이 새로운 상담선생님 윤철수 (30) 씨에게 느끼는 감정은 예전 같지 않다. 상담실에 놓여있는 해바라기 선인장 등 이런 저런 꽃들과 수북히 쌓여 있는 편지들이 그 증표이다. 이 꽃들은 저마다 아픈 상처를 하나씩 간직하고 있다.

선인장에 얽힌 사연 하나. 2학년생인 은혜(18, 가명)는 계모 슬하에서 자라 집에 정을 붙이지 못한 데다 공부도 외모도 자신이 없었다. 살아갈 이유가 없다고 생각해 자살할 장소와 시간, 방법까지 생각해 봤다. 상담실에 자주 놀러 오는 친구가 윤씨에게 은혜의 사정을 이야기하였고 윤씨는 심리치료와 함께 자신감을 심어주려고 노력했다.

그는 은혜가 연극반에 든 것을 주목했다. 주위 친구들이 은혜가 연극을 잘 한다는 것을 이야기 해 주도록 했고 어느 때건 상담이 가능한 청소년 상담 센터의 전화번호 목록을 전해 줬다. 이런 주위의 노력으로 은혜는 상담선생님에게 "꽃을 피우기 위해 노력하는 중"이라는 뜻에서 아직 꽃이 피지 않은 선인장을 선물했다.

Y여상 상담실의 놀라운 변화 뒤에는 사회복지사 윤씨의 헌신적인 노력이 깔려 있다. 학위를 받은 뒤 개인적으로 학교사회사업 연구에 관심을 기울여왔던 윤씨는 지난 2월 초 상담실을 연 뒤 상담실의 문턱을 낮추는 일부터 시작했다. 영화 〈로미오와 줄리엣〉의 남자 주인공 레오나르도 디카프리오의 사진을 벽에 걸고, 흡연 욕구를 느끼는 학생들을 위해 사탕도 준비했다. 수업이 빈 교실에 찾아다니며 상담실 활용을 권유했다.

한달쯤 지나자 아이들이 찾아오기 시작했다. 찾아오는 학생들 중 3분의 2는 자발적으로 문을 두드린 학생들이다. 가정, 진로, 가출, 대인관계 등과 관련된 상담이 많다.

윤씨는 "학생들에게 훈계를 하지 않고 학생들의 입장에서 모든 얘기를 들어준다. 그리고 도움이 될 만한 실질적인 방법을 얘기해 준다."고 말했다.

필요한 경우에는 집단 상담 프로그램도 진행한다.

학교사회사업가들의 상담은 무엇보다 '문제해결형' 이라는 점에서 주목을 끈다. 상담에만 그치지 않고 문제가 발생한 원인을 찾아 이를 해결하는 데 주력한다. 가능하다면 지역사회에 있는 청소년 단체와도 적극적으로 협력한다.

이 학교 교장 L은 "교사들은 수업과 잡무가 많아 상담에는 신경을 제대로 쓸 여건이 되지 못한다."며 "전문적인 상담가가 상주해 학생들에게 상당한 도움을 주고 있다."고 말했다.

서울시 교육청은 올해 학교사회사업을 시범 실시한 뒤 그 결과를 검토해 확대 실시할 방침이다.

**※ 학생들이 본 상담실**

선생님이 확 달라졌어요.

"예전 상담실 같지가 않아요."

Y여상 3학년 희수(19, 가명)는 상담실 문제에 대해 어떻게 생각하느냐고 묻자 이렇게 대답했다. 희수는 상담실이 문제 학생들이나 불려가는 곳쯤으로 여겼다. 상담교사도 엄한 선생님이었다. 하지만 지금은 다르다. 그는 상담선생님이 옆집 아저씨처럼 편안하다고 했다. "같이 놀아주고 집에 전화도 자주 해 줘요. 울적할 때면 기분도 풀어주고요."

'한 번은 아빠와 심하게 다툰 적이 있었다. 집안 문제여서 털어놓고 얘기할 사람도 마땅치 않았다. 그때 상담선생님이 생각이 났다. 상담실 칠판에 "선생님 할 얘기가 있어요"라고 써 놓자 그날 저녁에 상담선생님으로부터 집으로 전화가 왔다. 다음날 울면서 사정을 털어놓자 상담 선생님은 같이 울면서 위로해 줬다고 했다. 그는 "내 처지에 서서 얘기해 줘 무엇보다 고마웠다"며 "상담선생님은 우리 마음을 안다"고 말했다.

2학년생 미지(18, 가명)는 엄마가 정신병을 앓고 있다. 아빠는 교도소에서 복역중이다. 엄마가 자주 발작 증세를 일으켰다. 그래서 그는 학교를 그만두고 집을 나가버릴까도 심각하게 생각했다. 이를 안 상담선생님은 엄마를 사회복지기관과 협력해 정신병원에 입원시켰다. 혼자서 살기가 힘들면 청소년 쉼터 같은 곳을 소개시켜 주겠다고 했다. 그래서 지난 주엔 어느 청소년 쉼터를 상담선생님과 함께 가봤다. 그는 "혼자서 모든 걸 감당하기엔 너무 힘들었다."며 "이제는 상담선생님의 존재 자체가 커다란 위안이 된다"고 말했다.

Y여상 학생들은 자발적으로 '상담실 도우미'를 자임한다. 상담실이 생기고 두 달 정도 지나고서였다. 어느 순간 자연스럽게 이뤄졌다고 학생들은 말했다. 누구랄 것도 없이 상담실 청소를 하고 손님이 오면 차 대접도 해 준다.

기말 시험이 한창이던 지난 11일 Y여상 상담실 벽에 걸린 칠판에는 "시험보기 전에 '행운의 장소' 상담실을 꼭 들르자."는 어느 학생이 적은 글귀가 있었다. 그들의 생각을 알아주고 그들의 고민들을 해결해 주는 전문상담가는 이렇게 Y여상 학생들의 가슴에 소중하게 자리잡고 있다.

〈박종생 기자〉

# 학교사회사업실의 홍보 도우미 경아, 세진, 지혜, 정욱

한겨레 신문에서 학교사회사업의 이야기를 다루어낸 이후에 학생들의 상담실 이용에 대하여 취재하고 싶다고 KBS 뉴스 김성완 기자에게 취재요청이 왔다.

이렇게 취재 요청을 해올 경우, 나는 경아, 세진, 지혜, 정욱 등의 아이들에게 상의를 하곤 한다. 그러면 아이들은 어느덧 '아무래도 그런 중요한 일은 언론에 모습을 보인 경험이 있고-한겨레 신문 취재-또한 카메라에 강한(?) 자신들이 해야 한다'고 하면서 홍보 도우미로 자처하고 나섰다.

취재가 시작되고 나서 인터뷰를 할 때에나 여러 가지를 협조하는 과정에서 김성완 기자는 참 좋은 사람이라는 느낌이 들었다. 개인적으로 학교사회사업에 많은 관심을 보이기도 했으며 나와도 짧은 시간에 친해졌다. 특히 나의 보수를 물어보아 있는 그대로를 이야기해 주었더니 더욱더 나를 순수하게(?) 생각하는 듯 하였다. 사실 나중에는 밥그릇 싸움이 될 수도 있지 않는가에 대하여도 내 입장이 되어서 걱정도 해 주었다.

취재가 마치고 점심시간이어서 식사를 하는데, 교장선생님은 외부에서 온 손님이니까 식사를 대접하라고 하였다. 그러나 김 기자는 오히려 부담된다고 하면서 나의 식사를 사주는 것이 아닌가?

아마도 나의 처지와 어려움을 짐작하여 알고는 나에 대한 배려라고 느껴졌다.

취재를 마치고 그들이 돌아간 뒤에 교장선생님은 영수증 처리를 하라고 지시를 하자

"제가 지출하지 않았어요. 김 기자님이 저를 사주었어요."

"뭐라고요? 세상에 기자들에게 식사를 대접받는 사람은 윤선생이 첨일꺼요."라고 농담으로 이야기를 하였다.

내가 김성완 기자에게 고마움을 느낀 것은 단지 나의 점심을 사주어서가 아니다. 인간에 대한 배려, 소수의 의견에 귀기울임, 그리고 사회적 약자에 대한 이해가 고마운 것이다.

그 이후로 교육방송, 삼성 사내방송, 케이블 방송 등에서 취재가 물밀듯이 왔는데, 그때마다 우리의 홍보 도우미들은 참으로 열심히 도와주었다. 그들은 지금은 어엿한 직장인으로 성장하였고 지금도 연락을 하고 있다. 그들은 Y여상 학교사회사업실의 수호천사였다.

경아, 정욱, 지혜, 세진아! 사랑한다.

지금 너희들은 잘 지내고 있니? 지금 이 글을 읽고 있을 때면 우리 함께 한 약속이 지켜졌다고 느끼겠지? 너희들 기억나니? 우리 서로가 너무 좋아서 졸업하고도 계속 만나고 싶다는 말들 … 앞으로 계모임을

해서 만나자는 둥, 이웃집에 살자는 등등 매일같이 떡볶이를 먹으면서 이야기하였던 아쉬움들… 그때 선생님이 이렇게 말했지.

'얘들아! 선생님이 꼭 약속할게! 우리 서로 언제든지 만날 수 있도록 말이야. 내가 너희들이 그리울 때, 너희가 선생님이 그리울 때, 아니 우리 서로 함께 그리울 때에 언제라도 만날 수 있는 그 장소를 만들어 놓을게. 언제 어디서라도 우리 서로 보고 싶을 때에 그곳에 가서 우리의 이야기를 펼치며 우리 서로 환하게 웃고 있는 그런 만남을 꼭 만들어 놓을게!' 라고 말이야. 그 약속이 바로 이것이란다. 우린 이책 안에서 항상 함께 있단다. 비록 너희들과 내가 언제라도 만날 수는 없지만 너희가 보고 싶을 때에 어느 책방에서라도 우리의 이야기가 담겨있는 이 페이지를 펴 볼 때면 우린 서로를 생각하며 행복하게 하루를 살아갈 수 있잖아. 이곳에 담겨있지 않은 무수히 많은 우리의 추억을 아끼며 간직하자꾸나.

보고 싶다 얘들아!

제 4 부

# 자! 가장 좋은 곳으로

# 충현이와 도우미들의 술시중

충현이와 도우미들은 1997년에 만났던 아이들이다.

그때 Y여상에서는 인성교육이라는 것을 하였다. 학교 재단 산하 유스호스텔에서 2박 3일 동안 숙박을 하면서 실시하는 일종의 생활관 교육이었다. 그러나 지금 생각하면 3학년 학생들이었기에 이러한 같은 장소를 3년 동안 이용하는 교육활동 말고 차라리 졸업여행을 가는 것이 더 좋았을 터인데 학교에서는 이러한 활동을 강행하였고, 나는 아무 것도 모른 채 전체 진행과 기획을 하게 되었다. -지금 생각하면 너무나 어처구니가 없다. 나는 외부인이고 온 지 3개월도 채 되지 않은 사람이었는데 이런 내가 한기당 300명씩이 되는 그런 학생들을 2주간에 걸쳐 4기를 어떻게 운영할 수 있었는지… 나에게 이러한 책임을 맡긴 사람이 이해가 되지 않았다.

어쨌든 1반에서 20반까지를 5개 반씩이 재단 산하 유스호스텔에 가서 낮에는 활동을 하고 밤에는 거의 장기자랑을 하면서 놀았다. 학교의 사정상 아무도 도와주는 선생님이 없었으니-당시 학교는 학내 문제로 인하여 학내 소요사태로 연결될 직전의 시기였으니 지금 생각하면 이것은 지극히 당연하였겠다.- 나를 도와줄 도우미들이 필요했던 것이다.

그래서 잘 놀 수 있는 아이들과 함께 밤의 프로그램을 이끌어 나갔다.

마지막날 아이들은 밤에 매우 잘 놀고나서 잠을 자지 않고 밤새 이야기를 하고 또한 어디서 무색 음료(?)를 사왔는지 제법 취한 아이도 있었다. 나는 걱정이 되어 새벽 3시까지 잠도 자지 않고 이야기를 좋아하는 아이들과 함께 있었다. 그러던 중 어떤 아이가 큰일 났다고, 충현이가 저쪽에서 쓰러졌다고 놀라서 왔다. 그래서 3층으로 얼른 가보니 술에 취해 계단에 주저앉은 것이 아닌가. 주변은 온통 토를 한 흔적이 있었다.

지저분하였지만 인사불성인 아이를 그냥 둘 수 없어서 아이를 두 팔로 힘껏 들어 올렸다. 일단 숙소로 데려다 주려고….

그랬더니 충현이는 의식을 찾았는지 나를 보고

"선-쇄 앵 님~" 혀가 꼬이는 소리를 하며 나를 부른다.

나는 이 녀석이 술에 취해서 나를 좋아한다느니 사랑한다느니 뭐 이런 이야기를 하겠지 하고 생각하여

"그래 안다 알아. 선생님도 그래!"라고 하였다.

그랬더니 충현이는 힘없는 자기 손을 위로 들어 올리고 나의 목에 두 손을 깍지끼며 움켜 잡는 것이 아닌가?(논개(?)처럼) 세상에 아니 아이들도 많은데 이 녀석이 술에 취해 이상한 짓(?)을 하려는 것이 아닐까? 하면서 내심 매우 긴장하였다.

아닌 게 아니라

"서- 어 쇄 앵 니 임…ㅈ ㅜ"

"뭐? 뭐라고" 뭐라 하는데 들을 수가 없어서 그 아이에게로 귀를 갖다대는 순간

"우왜 – 웩"

세상에 ! 맙소사!

녀석은 속이 뒤틀려 참을 수 없었고 나에게 토한다는 말을 하려고 했던 것인데 나는 그것도 모르고… 얼굴을 가까이 가져다 대었으니….

나의 얼굴과 옷은 정말 끔찍한 냄새와 이상한 이 물질로 덮여 있었다. 얼른 충현이의 숙소로 가서 화장실에 데려다 놓고 약간은 덜 취한 하연(가명)에게 등을 두드리라고 하였다.

그 와중에도 충현이는

"서 언 쇄 앵 니 임–웨에 엑… 변기가 나를 부르네요."

세상에 맙소사! 이런 일도 있구나 하는 생각에 웃음밖에 나오지 않았다.

그 다음날 아니 한달 동안 충현이는 나를 보지도 못하였고 그 이후 나는 충현이만 보면

"변기가 아직도 부르니?"라고 놀렸다.

충현이는 술기운에 나를 가지도 못하게 하고 어느 누구에게도 하지 않았던 자신과 가족이야기를 쏟아내었다. 어머니, 아버지가 이혼한 이야기… 자신이 너무나 어렵고 힘들게 살아온 이야기… 초등학교 5학년 때부터 찍힌(낙인된) 이야기… 정말 자기는 행복하게 살고 싶은데 그러지 못한다는 한(恨) 많은 이야기를 주절주절대다가 서럽게 울면서 새벽에 잠이 들어버렸다. 술에 취해 자고 있는 이 아이들에게 있는 그런 아픔이 밝아오는 햇살에 녹아버리기만을 간절히 바랬다.

## 조용히 해! 정말 시끄러워서 일을 못하겠네, 특단의 조치를 강구해야지…

처음 학교사회사업실은 교장실 바로 옆에, 그것도 교실의 약 1/3 정도의 크기로 있었다. 문을 열고 얼마 동안은 학생들이 많이 오지 않아서 그 정도도 넓게 보였었다. 그러나 점차 시간이 흐르고 학생들 사이에 '학교사회사업실은 도움이 된다' '그곳에 가면 도움을 받을 수 있다.' '그곳의 선생님은 다르다' 등의 좋은 소문이 퍼져나가자 학생들이 정말 많이 오기 시작하였다. 그러나 무엇보다도 가장 중요한 이유는 사탕일 것이다. 어쨌든 항상 아이들이 북적대어 학교사회사업실은 언제나 시끌벅적하였다. 왜냐하면 아이들이 많이 와서이기도 하지만 아이들은 한참 떠도는 재미있는 이야기를 나와 학교사회사업가 선생님들에게 열심히 해 주느라 정신이 없었기 때문이었다. 그러던 어느날 어떤 녀석이 재미있는 이야기를 하느라 우리 모두 아이들과 함께 깔깔거리고 있을 때 갑자기 문이 벌컥 열렸다.

교장 선생님이었다.

"도대체 뭣들하는 거야? 시끄러워서 도무지 일을 할 수 있어야지, 참는 것도 한두 번이지, 옆에 있는 사람을 생각해 줘야지 이게 뭡니까? 특단의 조치를 강구하든가 해야지 도저히 못살겠네…."라고 한바탕 역정을 내시고 옆방으로 가셨다. 사실 교장실이 바로 옆에 있어서 좋은 점도 있지만 어려운 점도 있었다. 좋은 점은 1층에 자리잡고 있어서 내가 출퇴근하기에는 좋다는 것이고, 어려운 점은 1층이다보니 아이들이 주로 자주 드나들기가 용이하지 않다는 것이다. 또한 위와 마찬가지로 교장 선생님의 집무에 방해가 될 수 있다는 것이다. 생각해 보면 교장 선생님도 많이 불편하였을 것이다. 외부에서 손님도 오셔서 조용히 이야기해야 하는데 깔깔 소리와 기타 여러 가지 소리가 들려오니… 난처한 경우도 있을 것이었다. 그런데 무엇보다도 가장 신경쓰이는 어려움은 아이들이 한때는

"얘들아! 왜 학교사회사업실이 교장실 옆에 있는 줄 알아?"

"왜?"

"교장이 아이들이 무슨 상담을 하는가 엿듣기 위해서래!"

"정말? 그럼 가지 말아야지." 이런 류의 소문들이었다.

어쨌든 교장이 역정을 내시고 가셨을 때에는 우리 모두 긴장하고 조용해졌다.

"선생님! 저희 때문에 쫓겨나시는 것 아니예요?"

"아냐! 임마! 괜찮아!"라고는 하였지만 마음이 불편하긴 하였다. 그래도 교장 선생님의 심기를 불편하게 해서 좋을 것이 뭐가 있겠는가?

교장 선생님이 다녀가신 후 얼마 지나지 않아 정말 특단의 조치가 내려졌다. 교장 선생님이 짐을 꾸리시고 2층으로 교장실을 옮기셨다. 그리고 그 교장실의 자리는 학교사회사업실이 너무 비좁아서 아이들에게 불편하다고 말씀하시면서 학교사회사업실로

공간을 더하여 주셨다. 정말 특단이었다. 우린 너무 신이 났다.

아이들은 교장실이 2층으로 옮겨지고 나서 벽이 허물어지고 횡하니 공간이 넓어졌을 때에 예전의 교장실 쪽의 자리로 몰려 있었다. 하도 이상해서 물어보았더니

"여기(교장실) 바닥이 더 좋아요. 우리가 언제 여기에 있어보겠어요. 그냥 여기에 있을래요."라고 이야기하면서 교장실 쪽으로 몰려 앉아 있었던 웃지 못할 장면이 떠오른다. 아이들에게 교장실이 무엇이길래….

# 자! 가장 좋은 곳으로!

1997년은 아이들과 참으로 많이 어울려 다녔던 해이다.

나와 닮았다는 경아 그리고 세진, 지혜, 정욱, 이들은 나에게는 잊을 수 없는 수호천사들이었다. 그 중에서도 경아가 가장 나를 많이 챙겨주고 나를 가장 많이 따랐다.

방송국에서 학교사회사업실에 대한 취재를 하러 올 때에 다른 아이들은 쑥스러워서 잘 응해 주지도 않았는데 이들은 기꺼이 응해 주었고, 나의 생일날도 챙겨 주었고 참으로 너무나 친하게 지냈었다.

나는 이 녀석들이 매우 특별하고 소중하게 여겨졌고, 이들에게 소중한 기억을 만들어 주고 싶었다. 왜냐하면 나는 나의 스승으로부터 값없이 받았던 귀한 사랑의 경험을 이젠 내가 나누어 주어야 할 때가 왔기 때문이다.

내가 받았던 귀한 사랑의 경험은 숭실대학교 박종삼 교수님(지금은 월드비전 회장)으로부터였다.

박종삼 교수님은 내가 학교사회사업을 잘 할 수 있도록 산파역할을 해 주신 분이다. 내가 숭실대학교 학생지도 상담실 연구

조교였을 때 박교수님은 소장님으로 계셨다. 그때 한번은 서울에서 최고 일류호텔인 H호텔에서 식사를 하자는 것이 아닌가. 머리카락이 나고 처음으로 호텔에 가보게 되었다.

으리으리한 최고의 호텔.

거기에서 나는 교수님으로부터 양식 먹는 법에 대하여 자세히 배울 수 있었다. 식탁 예절과 서양식을 구분하는 법 그리고 포크와 나이프를 쓰는 법 등등을 말이다.

한 제자에게 전공이 아닌 세상을 살아가는 가장 기초적인 방법을 자세히 알려 주시는 교수님은 일반적 교수님 같지가 않았다. 마치 자상한 아버지가 아들에게 세상을 어떻게 살아가라고 일러주는 것처럼… 나에게는 감동의 순간이었다. 난 많은 것을 배웠고, 좀 세련되어진 나 자신의 모습을 발견할 수 있었다. 그러나 무엇보다도 진정한 관계의 중요성을 배웠던 가장 소중한 시간이었다.

그 이후 나는 '나도 언젠가는 특별한 제자에게 이러한 살아가는 지혜와 관계의 소중함을 자상하게 알려 주리라.' 라는 결심을 하게 되었다.

그러나 나의 주머니 사정으로는 호텔 앞에도 가기가 어려웠다. 그러나 경아 등 이러한 아이를 만나게 되면서부터는 내가 받았던 사랑의 빚을 갚고 싶었다. 학교의 근처에는 고급 패밀리 레스토랑이 있었는데, 아이들은 그곳에 아직 한 번도 가보지 않았고 너무나 가보고 싶어하였다. 그래서 큰 맘을 먹고 그곳에 갔다.

아이들은 고3 때까지 한 번도 가보지 못하였던 패밀리 레스토랑을 가니 어안이 벙벙해 하면서도 매우 즐거워하였다. 그곳에서 내가 박교수님께 받은 사랑의 경험 이야기를 아이들에게 들려주었고, 아이들은 그 순간 내가 예전에 느꼈던 그러한 감정을 느끼기 시작했다. 비록 그 정도의 최상급은 아니지만 아이들과 나에게는 가장 좋은 최상의 순간이었고, 그 최상의 장소에서 함께 식사를 하면서 그 아이들과 좋은 시간을 보낼 수 있다는 것이 나에게는 너무나 행복했다.

그때 우리는 박 교수님과 대학원생인 나 그리고 지금의 나와 우리의 아이들 이렇게 많은 식구가 한 테이블에서 서로의 이야기를 하면서 식사를 하였던 것이다.

그 아이들이 졸업하는 날! 나는 매우 서운한 감정을 억제할 수가 없었다. 그러나 아이들은 친구와 부모들 사이에서 하나도 슬프지 않은 듯, 마냥 즐거워하고 있는 모습이 나는 속상하기만 했다.

'어쩌면 저럴 수 있을까? 난 속상하고 서글픈데….'

아이들의 졸업식이 끝나고 난 뒤의 쓸쓸한 교정에서 정년퇴임을 앞둔 목 교감 선생님과 함께 썰렁한 2월의 오후 5시에 휴지를 함께 주웠다. 그때 난 운동장에서 휴지를 주운 것이 아니라 아마도 그들이 흘리고 간 내가 준 사랑의 조각들을 줍고 있었던 것이다.

'그래! 너희들은 세상으로 나간다. 보다 넓은 세상으로, 그 세상은 과거를 더 이상 생각하지 않아도 될 그런 세상이다. 열심히 살다가 우리 인생의 뒤안길에서 서로를 생각하고 웃을 수 있으면 좋겠다. 행복해라. 사랑한다.'

이런 이야기를 마음속으로 중얼대며, 나의 서글픔을 뒤로 하고 그들이 흘리고 간 추억의 조각들을 주웠다. 겨울의 저녁, 학교 교정의 차가운 그림자만이 묵묵히 나의 곁에 있을 뿐이었다. 곁에 두고도 외로운 것은 자신의 그림자였기 때문이리라.

# 먼저 간 지은이

나에게는 해마다 추석이 돌아오면 생각나는 아이가 있다. 바로 지은이다. 지금쯤 지은이는 하늘나라에서 나를 바라보고 있겠지….

지은이와 처음으로 만난 날은 지은이가 고등학교 3학년 때, 즉 1997년 9월이 끝날 무렵이었다. 지은이의 담임 선생님께서 학교 사회사업실을 찾아오셔서 지은이에 대한 이야기를 해 주었다.

지은이는 지난 2학년 말에 아버지와 어머니께서 교통사고로 함께 돌아가셨고, 남아있는 가족이라곤 대학생인 오빠와 지은이 둘 뿐이다. 그러나 부모님께서 돌아가시자 주변 친척들이 앞다투어 재산에 손을 대기 시작하여 지금은 3천 500만원에 살고 있는 전셋집이 가진 재산의 전부이다. 오빠는 더 이상 학업을 계속할 수 없어서 일단 휴학을 한 후 공익근무요원으로 군복무를 하고 있다. 그런데 요즘 지은이는 자꾸 무릎이 아프다고, 또 어떤 경우에는 통증이 너무나 심해 결석까지 하는 등 건강이 너무나 나빠졌다고 한다. 건강이 좋지 않으니 학교를 자주 결석하게 되고, 자주 결석을 하다보니 요즘 학교생활에 힘들어하는 것 같아 상담을 의뢰한다고 담임 선생님이 말씀해 주셨다. 이렇게 하여 지은이를 처음으로 만나게 되었다.

지은이는 처음부터 어두운 모습을 하고 있었으며, 너무나 창백한 얼굴에 병색이 짙어보였다. 서 있는 것조차 힘이 들어 보임에도 불구하고, 내게 먼저 인사를 하는 예의와 학생다운 모습을 잃지 않았다. 지은이는 처음부터 많이 수줍어하였다. 그동안 많이 외로워서인지 나에 대한 경계심이 사라진 이후에는 이내 곧 자신의 마음을 열고 찾아왔다.

지은이는 행복한 아이였다. 사람에 대한 애정도 있고 친구관계도 좋으며, 순진한 아이였다. 또한 가정에서도 부모님 말씀을 잘 듣는 착한 아이였다. 그러나 그렇게 행복했던 가정은 부모님의 교통사고와 함께 모든 것이 송두리째 사라졌으며, 또한 주변 어른들의 횡포로 인하여 지은이는 어른에 대한 불신감을 가지게 된 것 같았다.

지은이와 친해지면서 지은이의 가정환경과, 앓고 있는 병에 대하여 질문해 보았다.

지은이는 무릎을 치료하는 데에 너무나 많은 시간과 돈이 든다고 걱정하고 있었다. 수술을 받아야 하는데, 자신의 처지와 상황에서는 수술은 생각도 못하고 그냥 약만 먹으면서 지낸다고….

이야기를 들어보니까 지은이에게는 경제적인 문제가 가장 큰 부담으로 다가오는 것 같았다. 또한 집에서 잘 챙겨주는 부모님이 계신다면 이렇게 아프지는 않았을텐데… 라는 생각이 들었다.

지속적으로 상담을 하면서 자연스레 친해지게 되었고, 지은이도 나에게 편지를 자주 쓰기도 하며 잘 따랐다.

그러던 중 그해의 추석 연휴 때였다. 난 갑자기 지은이 생각이 났다.

'부모도 없고 또한 부모들의 유산으로 인해 원수가 되어버린 친척과도 별다른 교류가 없는 상황 속에서 외롭고 쓸쓸한 추석을 보낼 것이 분명하겠구나. 특히 명절에는 일단 먹을 것이 많아야 하는데, 음식을 준비할 수 있는 상황이나 그러한 여건이 되지 않아 분명 서글픈 추석이 되겠구나.' 라는 생각이 들었다. 그래서 나는 지은이를 위한 음식 바구니를 만들었다. 음식 바구니를 준비하면서 언제라도 먹을 수 있는 통조림 등을 함께 넣는 것도 잊지 않았다.

그리고 추석 바로 전날에 연락을 하여 지은이 집 앞으로 찾아가서 지은이를 불러냈다. 그랬더니 지은이는 너무나 좋아하며 입을 다물지를 못하였다. 그 아이가 그렇게 좋아하는 모습은 처음 보았다. 작은 선물에 지은이가 이렇게 기뻐하다니… 마치 크리스마스 때에 산타 할아버지로 하여금 원하는 선물을 받은 아이처럼 말이다.

지은이에게 그 날은 분명 어느 영화제목처럼 '10월의 크리스마스' 였다.

지은이가 졸업을 한 후에도 몇 차례 연락을 주고 받으며 서로의 안부를 묻곤 하였는데, 졸업을 하던 그해 5월에 지은이로부터 전화가 왔다.

지은이는 졸업을 하고 담임 선생님이 소개해 준 병원에 잠시 취업을 하였었지만, 지속되는 두통이 너무 심해져 회사를 그만

두고 집에서 쉬고 있다고 하였다.

요즘엔 계속 집에만 있는데 너무 답답하고 힘이 든다고, 그래서 자기를 좀 만나달라고 했다.

그래서 일단 만나기로 하고 나서 학교 앞 어느 카페에서 만나기로 하였다. 정해진 시간보다 약간 늦게 나갔는데 지은이는 벌써 와 있었다.

내가 먼저 지은이를 알아보았다.

"지은아! 오래 기다렸니?"

"아니에요 선생님." 하면서 빙긋이 웃기만 하였다.

그동안 어떻게 지냈는가에 대한 이야기를 잠시 주고 받았는데, 어느덧 지은이가 많이 힘들어하는 기색이 역력하였다.

메뉴를 가져와 주문을 기다리는 점원을 앞에 두고

"아 참! 뭘 시켜야지! 지은아 뭐 먹을래? 선생님이 맛있는 것 사줄게 마음껏 시켜라."

"선생님이 시켜주세요."

"아니야! 네가 시켜야지. 그래야 선생님 맘이 좋지."

"실은요! 저~ 선생님, 저 눈이 잘 보이지 않아요."

세상에 메뉴판이 보이지 않을 정도라면 도대체 어떻게 된 것이란 말인가. 분명 아무것도 보이지 않는다면 일상생활을 거의 하지 못할 텐데….

"뭐? 아니 그러면 여기는 어떻게 왔니? 그동안 어떻게 지냈고?"

"지나가는 아저씨에게 버스 번호를 물어 부탁했고요. 그리고 여기까지는 그냥 느낌으로 왔어요. 여기에선 선생님의 얼굴이 희미하게 보여요."

아뿔싸 ! 내가 생각했던 것보다 지은이는 훨씬 더 심각한 상태였다.

이럴수가…!

머리가 아프고 눈이 보이지 않는다면 바로 뇌종양의 증상 아닌가?

나의 고모님께서 뇌종양으로 돌아가셨기 때문에 그 증상과 상황이 어떠한 것인지를 알고 있었다.

"응! 그… 그래 ! 내가 시켜줄게."라고 이야기하면서 아무렇지도 않은 듯 내색을 하지 않고 밥을 먹으며 이야기를 하였다. 지은이는 말하는 것을 힘들어하면서도 그래도 오랫만에 사람을 만나서인지 너무나 신이 나 있었다.

행복해 하는 지은이의 모습이 너무나 보기 좋았다. 이야기를 마치고 지은이를 집에 데려다 준 다음 돌아오는 길에 비가 내렸다. 그리고 그 비는 내 눈도 적셨다.

'잘됐지, 뭐! 누가 보아도 내가 울고 있다고 보여지지 않을테니까.'

그러고도 몇 차례 연락을 하였는데, 지은이는 계속 많이 아파하였다. 또 너무 아파서 시골 할머니 집에 요양을 가 있기도 하였는데, 시골에 있는 지은이에게 나의 전화가 유일한 희망이었음을 느낄 수 있었다.

그러던 중 어느덧 9월에 들어섰다. 이번 추석은 작년과 비슷한 시기였다.

추석이 가까와 오면서 작년 지은이와의 추석 음식 바구니에 대한 추억이 생각났다.

나는 해마다 추석이 되면 부모님을 모시고 '민족 대이동'의

대열에 참여하게 되는데, 그날도 그렇게 지은이의 생각을 하면서 시골에 갈 준비를 하고 있던 아침 일찍 전화가 왔다.

"따르릉! 저 윤철수 선생님이세요? 저 지은이 오빠입니다. 지은이가 지금 위독합니다. 일기장을 보고 선생님의 연락처를 알았고 알려드려야 할 것 같아 연락을 드립니다."

"어디이지요? 아! 네 곧 갈게요."

드디어 올 것이 오고야 말았다.

마침 지은이가 입원해 있는 병원이 집과 가까운지라 아침에 일찍 다녀와야겠다고 생각하며 서둘러 집을 나섰는데, 문득 불길한 예감이 들어 만약을 대비해 얼마의 돈을 봉투에 담아 주머니에 넣었다.

병원에 찾아가서 병원 문을 열었다.

지은이 오빠가 먼저 인사를 하면서 밖에서 이야기하자고 하였다.

"지은이에게 말씀 많이 들었습니다. 지은이가 선생님을 매우 좋아해요. 특히 졸업 후에 선생님을 만나고 와서는 너무나 행복해 했습니다. 지은이는 뇌종양을 앓고 있는데 너무나 아파해요. 통증이 너무 심해져서 기억상실과 졸도의 현상도 보였어요. 이번에도 시골 할머니댁으로 가는 도중에 기차역 화장실에 들어가서 나오는 방법을 잊어버려… 나오려고 하다가 기절하여 실려왔습니다."

"의사 선생님은 뭐라세요?"

"길어야 3일이라고 하더군요. 지금은 의식이 없어요. 윤 선생님에게 연락을 드려야 할 것 같아서 연락드렸습니다. 죄송합니다. 그러나 지금 보지 않으면 이젠 영영 보시지 못할 것 같아서요."

눈앞이 캄캄하였다. 지은이를 만나고 싶었다. 무거운 두 눈을 감고 입원실로 들어갔다.

"지은아! 선생님이야! 지은아!"

그런 곳에 가면 환자가 말을 들을 수 있든지, 못 듣든지 간에 분명히 나을 수 있다는 말을 하거나 편안한 말을 해 주어야 하는데… 그 말을 하려 했는데… 나는 더 이상 말을 할 수 없었다.

"지은아!"

더 이상 말을 잇지 못하고 나는 지은이 손만 꽉 잡고 있었다. 그랬더니 지은이의 몸이 파르르 떨리고 지은이가 몸을 움칠움칠하였다. 마치 내 목소리를 알아듣고 대답이라도 하려고 하는 것 같았다. 지은이의 의식이 돌아온 것이다. 지은이의 눈에서는 하염없이 눈물이 흘렀으며 지은이는 마지막 힘을 쏟듯이 파르르 떨면서 일어나려고 하는 것 같았다.

"지은아!"

더 이상 말을 잇지 못하고 눈물만 흘렸다.

약 2~3분 정도의 시간이 흘렀을까. 이내 곧 지은이는 힘이 떨어지고 있었다.

그리곤 다시 의식을 잃어버렸다.

계속 지은이의 손을 잡고 30분간 울고 있었더니 지은이의 오빠는

"선생님, 지은이는 이젠 듣지 못해요, 선생님."

지은이의 오빠와 나는 서로 붙잡고 울지 않을 수 없었다.

일단 밖에 나와서 지은이 오빠에게

"지은이가 얼마나 살 수 있나요?"

"3일 정도랍니다."

"내가 지은이가 가는 길에 무엇을 해줄 수 있다면 좋겠는데 아무것도 해줄 수 있는 게 없네요. 제가 준비한 것으로 지은이가 행복하게 갔으면 좋겠습니다. 지은이를 위해 받아주세요." 라고 이야기를 하면서 병원을 나왔다.

병원을 나와 집에 오면서도, 집에 올 때까지 계속 눈물이 나왔다.

집의 문을 열고 들어오는데 우리 아이가

"아빠, 이꽁애 줘!" 안다. 아꿍을 해 주고 있는데 갑자기 지은이가 생각이 났다.

'지은이는 이렇게 안고 의지할만한 아버지 어머니가 얼마나 보고싶을까?'

이런 생각을 하니까 눈물이 났다. 계속해서 눈물을 흘리니까 우리 아기는

"아빠! 왜 울어? 아퍼?"

"응! 마음이 아파"

참 세상이 너무 불공평하다고 생각하였다. 행복이란 지금 어떻게 살아가는가에 따라 그 양도 할당이 되는가? 부자에게는 그들이 갖고 있는 부의 양만큼의 행복이, 가난한 자들에게는 그들이 갖지 못한 부의 양만큼 행복이 찾아오지 않는가?

정말 그 반대가 되어야 하지 않는가? 하나님이 공평하시다면 왜 지은이에게는 이렇게 큰 시련을 주시는가? 정말 공평하시다면….

아니다. 지은이에게는 어찌보면 힘든 세상을 살아가는 것보다 엄마 아빠의 곁으로 간다면 그것이 오히려 행복이 아닐까? 그렇다면 지은이에게 있어서는 행복한 세상으로 갔단 말인가? 슬픈 마음을 안고 그 다음날 부모님을 모시고 시골로 내려갔다. 시골

로 내려가면서도 내내 지은이가 걱정이 되었다. 시골에서 명절을 지냈지만 하나도 기쁘지 않았다.

명절을 지내고 올라오는데 호출기로 음성이 녹음되어왔다. 휴게실에서 잠시 쉬는 시간을 이용하여 음성메시지를 확인해 보았더니

"지은이 오빠입니다. 윤 선생님 지은이는 하늘나라로 갔습니다. 부모님 곁으로 행복하게 갔습니다. 알려드려야 할 것 같아서 말씀드립니다. 오시지는 마세요. 지은이는 선생님을 만나서 행복하였답니다. 감사합니다."

이러한 음성을 확인하고 하늘을 바라보았다. 하늘에서 지은이가 나를 바라보는 것 같았다. 서울로 올라오는 동안 계속 흐르는 눈물은 오히려 지은이가 하늘로 가는 행복한 계단이 되길 바라며 그냥 두었다.

해마다 추석이 되면 지은이와 만났던 그곳에 가고 싶다. 그곳에 가면 지은이를 추억으로 만날 수 있기 때문이다. 그러나 실제로 그곳으로 가보지는 않았다. 실제로 그곳에 가면 지은이에 대한 생각이 정리될 수도 있다는 생각이 들어 지은이를 너무나 만나고 싶음에도 불구하고 지은이를 더욱더 오래 만나기 위해 그곳으로 가지 않는다.

# 연희를 위한 출장 서비스??

연희의 고등학교 3학년 2학기 때에 만났다. 연희는 엄마가 없이 아버지와 함께 지낸다. 어머니는 고등학교 1학년 때에 바람이 나서 집을 나갔다고 한다. 연희는 학교에 대하여 별다른 미련이 없었다. 연희가 학교사회사업실로 의뢰된 시기는 10월경이었다. 그때는 벌써 연희가 30일 정도를 결석하고 있을 때였다. 그 당시 연희의 할머니가 시골에서 올라오셔서 아버지와 연희를 돌보아 주시고 계셨는데, 할머니께서는 약간의 치매증상이 있으셨다. 그래서 연희가 학교에 다니도록 하는 데에는 별다른 도움이 되지 않으셨지만 그래도 한 가지는 무척 도움을 준 것 같다. 그것은 바로 연희가 학교에 나오지 않아서 자퇴원서에 도장을 받으려고 하면 꼭 할머니가 오셔서 담임 선생님과 학생부장 선생님에게 울면서 사정을 하셔서 결석일수가 많아도 미리 받아둔 자퇴원서 한 장 없었다. 그러니 연희의 입장에서는 큰 도움이 되었으리라.

담임 선생님이 연희가 나오지 않아서 정말 난감하다고 하면서 연희를 의뢰하셨다. 다행히 연희하고는 처음의 관계형성이 잘된 편이었다. 그래서 잘 다녔는데 졸업을 앞두고 약 20일 정도가 가장 큰 위기였다. 그때 연희는 새벽까지 신나게 놀다가 아침이 되면 일어나지 못해서 학교 시간에 너무 늦게 되었고 등교하지 못하곤 하였다. 그래서 일단 가족의 도움이 필요하다고 판단하여 할머니와 통화를 하려 하였지만 그때 할머니는 다른 친척집으로 가시고 아버지와 단 둘이 살고 있는 것이었다. 아버지와 통화하려고 하여 아침, 점심, 저녁, 밤, 심지어 새벽에까지 전화 시도를 하였지만 도저히 통화할 수 없었다. 연희를 통해 아버지에게 전화를 부탁드려 보기도 했지만, 전혀 반응이 없으셔서 가정방문을 가기로 하였다.

연희의 아버지는 노동현장에서 일을 하시기 때문에 항상 새벽에 나가셨다가 집에도 불규칙적으로 들어오신다고 하였다. 그래서 새벽 4시 30분에 연희의 집에 찾아갔다.(세상에서 가장 이른 가정방문이 아닐까?)

"누구야?" 라고 신경질적으로 외치는 남자의 음성. 분명 연희의 아버지였다.

"네. 연희가 다니는 학교 선생님입니다."

"뭐요? 아니 지금이 몇 신데." 라고 열어주는 연희의 아버지, 부시시한 차림에 몸은 왜소해 보였다. 어두워서 잘 보이지 않았지만 불을 켜고 앉아보니 온통 연희 아버지의 몸에는 문신이 한가득 그려져 있었다. 한 마리의 용이 몸을 타고 올라가고 있었다.

'저것을 새기려면 엄청 아팠을 텐데….'

연희 아버지와의 대화에서는 거의 도움을 얻을 수가 없었다. 자신은 바쁘다는 핑계만 대고 연희에 대하여는 자신도 어쩔 수 없다고 하였다. 그리고 '자신은 연희를 데리고 있는 것만으로 아버지로서의 의무를 다하고 있는 것이라고… 연희가 학교에 가든 가지 않든 그것은 연희의 인생이지 더 이상의 자신이 관여할 바는 아니라고… 함께 살고 있는 것만으로도 충분한 노력을 다 하는 것이며, 자신은 바쁘니까 지금 나가봐야 하고, 지방 출장으로 인해 한 한달은 들어오지 못할 것이라고…' 그리고는 먼저 나가 버리셨다.

"선생님. 실망하셨죠? 우리 아버지 원래 저래요. 저도 포기했어요. 제 나이에 저를 낳았는데 뭘 알겠어요? 이젠 화도 나지 않아요."라고 하면서 연희는 그런 아버지에 익숙해져 있는지 이내 곧 자기방에 들어가서 자려고 한다.

"연희야! 들어가서 자면 어떡하니? 학교에 가야지."

"선생님! 아직 시간이 있잖아요. 조금만 자면 돼요."

"그럼. 조금만 자라."라고 말하고 나서 나는 곧 설거지와 아침 식사를 준비했다. 지저분한 라면 그릇 설거지를 하고 나서 냉장고를 보니 아무 것도 없었다. 어떡하나. 아침부터 부담스럽기는 하지만 일단 있는 재료를 가지고 대충 아침을 준비했다. 그리고 연희를 깨워서 밥을 먹이고 청소를 대충 한 다음(원래부터 난 집안일에 익숙하였다.) 연희를 깨워서 함께 등교를 했다. 아이들의 눈이 있어서 교문의 저편에서 내려주고 따로따로 학교에 들어갔다.

행복해 하는 연희를 보면서 내가 마치 연희의 아버지인양 착각을 하기도 했다.

그렇게 겨울에 20여 일을 아침에 찾아가서 함께 등교를 했다. 초기에는 연희가 깊은 잠에 빠져 일어나지 못해 문을 열어주지 않아 밖에서 한동안을 떨며 기다리기도 하였고, 그래서 옆집 아줌마에게 이상한 눈초리를 받기도 하였지만, 어쨌든 그 기간 동안 한 번의 결석도 없이 무사히 등교를 하게 되었다.

이러한 소식이 알려지자 백은영(은영이는 OO반이었고 은영이도 학교 결석이 매우 많았다)도 집을 나와 방황하다가 연희의 집에서 지내게 되었고, 한 일주일 간은 연희와 은영이를 데리고 함께 등교하기도 하였다.

사실 이 녀석들에게 이런 기대를 하기도 하였다. '내가 이렇게 열심히 한다면 분명히 감동을 받아 어느 날부터는 자신들이 일찍 일어나서 아침상을 내 것까지 차려놓고 나를 맞이하겠지? 그럼 나는 진짜 행복하겠구, 그날부터 이녀석들은 혼자서도 학교를 잘 올거야.'

그러나 기대는 기대 이상의 의미는 없었다. 아니, 어느 날 갑자기 나의 밥상까지 차려놓고 기다리지는 않더라도 내가 오기 전에만 일어났으면 했다. 거의 체념하고 있는 나에게 이 아이들은 딱 한번 나를 놀라게 했다. 어느 날은 내가 아침 7시에 갔는데 이미 이 녀석들은 일어나서 세수를 하고 있었다. 세상에나 맙소사! 그러더니

"왜 이렇게 일찍 오셨어요? 우리가 아침 하려고 했는데…."

그때 일어나서 아침을 한다고? 후훗! 말도 안 되는 소리였지만 그래도 행복했다. 정말 감격과 감격이었다.

'아이들은 무색 투명한 물과도 같다. 파란 마음을 타면 파랗게, 빨간 마음을 타면 빨갛게 되는구나. 아이들에게는 정말 죄가 없다. 죄가 있다면 어른들에게 있지. 정말 이 아이들의 순진한 마음에 너무나 깊은 감명을 받았다.

'이러한 아이들이 학교에서는 문제아이면서 또한 가정에서는 미운 오리새끼였다니… 이들은 결코 싸움꾼이나 문제아가 아니다. 모두 아름다운 소녀일 뿐이다.' 이러한 생각이 들었다.

그 녀석들의 아침 준비거리는 컵라면 3개와 김치가 전부였었다. 그러나 내가 받아본 것 중 세상에서 가장 행복한 아침상이었다. 물론 이들은 그날 이후로 다시는 아침식사를 차려주진 않았지만, 그래도 그때 단 한번의 아침식사는 나로 하여금 이들을 포기하지 않게 만드는 매우 큰 에너지원이었다.

연희와 은영이가 드디어 졸업을 했다. 정말 출석일수를 하루 더 넘겨 졸업하게 된 것이다. 녀석들과의 졸업사진은 보물 중의 보물로 간직하고 있다.

연희는 졸업 후에 찾아와서 만났고, 은영이는 얼마 전에 만났다.

얼마 전 은영이와의 만남은 이렇게 이루어졌다.

그 후 4년이 지난 어느 날 분위기 좋은 고급 바를 갔었다. 분위기도 좋고, 서빙하는 직원들도 꽤 신경써서 유니폼을 차려입은, 이미지도 매우 깔끔한 좋은 카페였다. 그곳에 가서 맥주를 한잔하고 있는데

"저 윤철수 선생님 아니세요?"

"그런데요 누구세요?"

"선생님 저 은영이에요. 기억 못하시겠어요?"

세상에나. 참 예쁘고 너무나 멋있게 성장해 버린 은영이. 더 이상 학교의 문제아나 싸움 잘 하는 은영이의 모습은 찾아 볼래야 찾을 수 없었고, 너무나 멋지고 훌륭한 은영이가 그 자리에서 있었다.

그곳에서 중간 매니저를 하고 있다고… 세상에나… 이렇게 성숙하였고, 또한 이렇게 멋지게 살아갈 줄이야….

근무시간이라 많은 이야기를 나눌 수 없음을 양해해 달라고

말하는 은영이….

나중에 계산을 하려고 나갔더니 '선생님이 해 주신 아침 밥값의 일부를 지금 드리고 싶다.' 고 하면서 지난 일을 먼저 말해 준다. 은영이와 나는 결코 서로를 잊지 않고 있었다. 다만 서로가 열심히 살아가는 모습을 보면서 그때의 일을 다시 꺼내어 보고 있었던 것이다. 서로가 나눈 말은 그리 많지 않았어도 서로가 떠올리는 것은 바로 아침에 내가 찾아가 아이들을 깨우고 그녀석들을 위해 아침밥을 지어주었던 그 장면을 동시에 떠올렸던 것이다.

그날 참 기분이 좋았다. 남들은 술집에서 제자를 만나면 기분이 매우 우울하다는데… 난 아니었다. 왜냐면 그곳의 분위기나 은영이의 행동으로 보아서는 자신을 당당히 생각하며 일을 하는 은영이가 대견해 보였기 때문이다. 그리고 안심이 되었다. 그 카페에서 일할 정도라면 자기관리를 아주 잘 해야 할 것으로 생각되는데 그곳에서 은영이가 일하고 있다니… 적어도 학교에서와 같은 근태의 문제는 이제 은영이에게 아무 것도 아닌 것 같았다.

참 기분 좋은 하루였다.

그러나 그날 이후로 나는 그 카페에는 가지 않는다. 왜냐면 은영이에게 부담이 될까봐. 다만 그 근처를 지나가게 될 때면 고3 말엽에 아침마다 실랑이를 하였던 은영이와 연희가 생각이 나며 지금 열심히 일하고 있을 은영이를 동시에 생각하며 지나간다.

# 금줄을 해다 준 장미

"선생님! 낳으셨나요?"

"아니. 아직 좀더 있어야 하나봐!"

아이들은 등교하여 교실로 가기 전에 먼저 학교사회사업실에 들러서 꼭 물어보곤 하였다.

"선생님! 오늘은 좋은 소식이?"

"에이 없다 없어, 야! 좋은 소식이 있다면 선생님이 여기 왜 계시냐? 벌써 병원으로 휭 하고 날라 가셨겠지!"

"왜 이렇게 아이가 안 나오죠? 나오면 누나들이 진짜 잘해줄 텐데…."

1997년의 아이들은 참 의리가 있는 아이들로 기억된다. 지금으로부터 한 7년 정도 밖에는 지나지 않았지만, 생각하면 할수록 참 정다운 녀석들이고 또한 의리 있는 녀석들이다.

1997년 11월 25일 나의 첫아이 상혁이가 태어났다. 상혁이가 세상에 태어나기도 전부터 아이들이 먼저 난리였다. 예정일을 앞둔 2주 정도의 기간 동안 위와 같은 대화가 아침마다 되풀이 되었었다.

상혁이가 태어났다는 소식을 듣고 아이들은 참으로 기뻐해 주었다. 아이들은 마치 자신의 친오빠의 아이가 태어난 것처럼 축하해 주고 기뻐해 주었다. 여럿이서 모두 축하해 주었는데 그 중에서도 장미란 녀석이 기억에 너무나 소중하다.

이름은 장미이나 성격과 외모는 참 활발하고 화끈한 녀석이었다. 녀석은 친구들을 불러 모으더니 뭔가를 꾸미는 것 같았다.

그러던 12월의 어느 날. 학교사회사업실 문 위에는 당시에도 보기 힘든 새끼줄에 고추가 달려 있었다. 금줄이었다. 아주 오래 전에 내가 어렸을 때에 시골에서나 보았던 금줄….

'세상에나… 지금이 어느 때라고 금줄이라니….'

그날 학교에 온통 소문이 퍼져 한동안 금줄을 구경하느라 많은 아이들과 선생님들이 다녀가셨다. 다들 이구동성으로 도대체 누가 했는가에 관심이 많았다. 처음에는 나도 누가 했는지 몰랐으니 대답할 길도 없었다.

약 일주일이 지나고 나서 장미가 찾아왔다.

"선생님 기분 좋았어요?"

"장미구나. 근데 무슨 기분?"

"저것 말예요. 문 앞에 있는 거!"

"금줄? 네가 했니?"

"그럼 나말고 또 누가 우리 선생님 기분 좋게 해준대요? 척 하면 알아야지요."

"장미야 고맙다. 근데 어떻게 저걸 구했니?"

"말도 마세요. 저걸 만드느라 얼마나 쪽팔렸는지…"

이야기를 들어보니 정말로 아이들의 고생이 많았다. 가장 먼저 지푸라기를 구하느라 매우 어려웠단다. 장미와 친구들은 몇

군데의 재래시장을 돌고, 가락동 농수산물 시장에까지 가 보았지만 새끼를 구하지 못하자 경기도 화성의 어느 장터에까지 갔단다.(세상에 그 추운 겨울에 말이다.) 요즘 새끼가 매우 귀하여 어렵게 구하고 그것을 어머니들에게 들었던 것을 기억하여 고추도 구하였다. 이들은 날이 너무 추워 농협 건물 안에 들어가서 그것을 만들다가 경비원아저씨에게 쫓겨나고, 몰래 다시 들어가 몸을 녹이면서 다시 만들다가 또다시 쫓겨나고…,

그러다가 아저씨에게

'우리 선생님이 아들을 낳았는데 꼭 만들어주고 싶다.' 고 사정하였더니 아저씨가

'그건 그렇게 하는 게 아니야.' 하면서 오히려 손을 걷어 부치시고 본격적으로 도와주시고 하여 겨우 만들었단다. 사람들 보기 전에 가장 먼저 달아 놓자고 하여 새벽 5시에 학교에 와서 학교사회사업실 앞에 금줄을 달아 놓고… 그것은 참으로 대단한 일이고 참 어렵고 힘든 일이었겠다. 보통의 정성과 의지가 없으면 정말 어려울 것을….

얼마나 힘들었을까? 정말 이 아이들의 마음속에는 따뜻함이 있었다. 장미가 표현은 잘 하지 않지만 너무나 그 마음이 고마워 장미 손을 잡고 눈물을 글썽이었다. 그랬더니 장미는

"에이! 남자가 울려고 하네? 누가 뭐 선생님이 좋아서 해줬나요? 새로 태어난 우리 상담이가 예뻐서 그렇지 뭐."(아이들은 상혁이를 상담이라고 불렀다. 왜냐면 서로 상(相)자가 돌림자인데 아이들에게 어떤 이름이 좋겠냐고 물어보았더니 아이들은 각각 담, 품, 금 등등 여러가지 기발한 아이디어를 추천하였다. 그중에서 내가 상담(相談)을 하니까 상담이가 낫겠다고… 그래서 우리 상혁이의 이름이 아

이들 사이에서는 상담이라 불리워졌다.)라고 거짓말을 하는 장미와 아이들이 너무나 사랑스럽고 고맙기만하다.

장미야!

정말 보고싶고 또한 사랑한다.

그때 탄생을 축하해 준 아이 상혁이는 너무나 예쁘고 멋지게 잘 크고 있단다.

1997년은 우리나라에 공식적으로 학교사회사업이 진행되었었다. 아이들과의 만남은 정말 의미있었고, 아이들은 자신의 학교에 학교사회사업실이 있어서 자랑스럽다고 말하곤 하였다. 정말 많은 아이들이 학교사회사업실로 찾아왔으며, 함께 울고 함께 웃고, 삶 자체를 함께 공유하였다. 그러면서 시범사업이 끝나고서 아이들에게 필요한 존재라고 판단한 교장선생님이 이사회의 정관을 바꾸어가면서까지 학교사회사업가로서 나를 채용하였다. 1998년에는 나말고도 1997년에 열심히 실습과 자원봉사를 해온 김주미 학교사회사업가와 이혜주 학교사회사업가도 시간제로 고용되어 3명의 학교사회사업가가 대한민국 최초로 학교에 고용되어 공식적으로 활동하게 되었다. 참으로 역사적인 순간이었다.

# 너무나 그리운 형성연

1998년 3월의 마지막 주 월요일에 김택주 선생님이 학교사회사업실을 찾아오셨다. 성연이라는 아이가 있는데 벌써 한달 동안 결석을 하고 있고, 집으로 연락도 되지 않는데 가끔 어머니로부터 꼭 갈테니 퇴학처리만은 말아달라고 전화가 온다는 것이다. 그래서 담임 선생님은 계속 결석처리를 해 왔었는데, 학생부에서 이번 주에도 나오지 않으면 선도위원회에 회부하겠다고 통보가 와서 어쩔 수 없었다고…. 그런데 때마침 어머니에게 연락이 되어 드디어 학교에 내일부터 나오게 되었다는 것이다. 그러나 학생부에서는 그 학생이 학교생활을 잘 할 수 있을지가 걱정이 되며, 또한 그 학생에게 아무런 조치도 하지 않은 채 교실로 보낸다는 것은 있을 수 없는 일이라고 하여 학교사회사업실과 방법을 강구하자고 하였단다.

그래서 담임 선생님과 학생부와 함께 논의한 끝에 성연이의 학교생활적응 능력을 알아보기 위해 특별 학교적응 프로그램을 실시하기로 하였다.

드디어 학기초 한달 동안 결석을 한 성연이가 학교사회사업실에 들어왔다. 외관상 보이는 느낌은 보통의 아이와는 좀 달랐다.

마치 뭐랄까? 고등학교 1학년의 순수함보다는 오히려 삶의 경험이 훨씬 많아 보인다고나 할까?

간단한 소개를 하면서 성연이를 도와주려는 마음을 전하였다. '선생님은 성연이를 잘 도와주고 싶은데 성연이를 잘 알지 못하면 제대로 도와줄 수 없다고, 그러니 선생님이 성연이를 잘 도와줄 수 있도록 선생님을 도와달라고.'

진심어린 말로써 성연이에게 이야기를 하니 성연이는 울기 시작하였다. 그러면서 시작되는 성연이의 이야기는 너무나도 힘겹고 어른의 한사람으로서 분개할만한 일이었다.

성연이는 초등학교 때에 운동도 잘 하고 공부도 잘 했던 활기찬 소녀였다. 그러다 초등학교 3학년 때 어머니와 아버지가 이혼하였고, 6학년 때 새아버지가 들어오면서부터 성연이의 인생은 전혀 다른 길로 접어들게 되었다. 어느날 성연의 새아버지는 술을 먹고 들어와서는 초등학교 6학년인 성연이에게 성추행을 하였다. 너무나 놀란 성연이는 아무런 말도 하지 못했고 또한 너무나 충격적이고 부끄러워 어느 누구에게도, 심지어 어머니에게도 말을 하지 못하였다. 그러면서 집에 들어가기 싫어했고 집에서는 아무런 이유없이 반항하고 갑자기 사나운 아이로 변해버렸다. 밖에 나가서 성연이는 집에서 당한 치욕을 분풀이라도 하듯 폭력적 행동을 서슴지 않았으며 또한 남자들과의 잠자리도 서슴지 않고 하기 시작하였다.

성연이의 성적은 자꾸 떨어지고, 어느 누구도 자신의 이러한 무너짐에 대하여 관심을 가져주는 사람도 없고, 집에는 정말 들어가기 싫었다.

어머니와 새아버지 사이에서 아이도 태어났는데 그 아이와의 차별도 매우 심하였다. 그러한 가운데 성연이의 반항과 가출은 시작되었고, 그래도 어머니만이 새아버지 몰래 성연이의 학교 졸업을 위해 노력하고 있었다.

고등학교에 올라왔는데도 어느 누구도 자신에게 관심을 보이지 않았으며, 또한 아버지가 또 그 짓을 하려 하여서 집을 뛰쳐나왔다고 하였다. 그러나 성연이는 학교를 졸업하고 싶고, 공부도 하고 싶고, 남들과 똑같은 정상적인 삶을 살아가고 싶다고 하면서 얼마나 서럽게 울었는지 모른다. 정말 그동안 어느 누구에게도 말하지 못한 엄청난 일을 이야기하면서 참으로 서러운 감정이 복받쳐왔으리라. 성연이도 울고 나도 울고 참으로 너무나 화가 나는 일이었다.

어쩌면 이럴 수가 있을까? 어떻게 이런 일이 가족이라는 탈을 쓰고 일어날 수 있을까?

내가 성연이라면 엄마한테 이야기를 하거나 아님 소리라도 질러서 의붓아버지를 창피하게 만들어버리겠는데….

그러나 가만히 생각해 보면 그렇게 한들 무엇이 달라졌겠는가? 아니 그럴만한 분위기나 상황이 아니었을 게다. 분명 성연이는 어떠한 상황에서 어떻게 했어야 했다는 규범적 이야기는 아무런 도움이 되지 않으니, 이 상황에서 어떻게 해결해 나가야 할 것인가에 대하여 그 초점을 맞추어 개입을 진행했다.

성연이와는 급속도로 친해졌다. 감정의 정화를 이루고 난 뒤 성연이는 정말 눈에 띄게 달라졌다. 아침에 7시 30분까지 일찍 나와서 선도 참관을 하는 것도, 과제를 내주면 그것도 너무나 성실히 하였다. 분명 잠재능력이 많은 아이임을 확신할 수 있었다.

프로그램의 3일째 되는 날 가정방문을 갔다. 가정방문은 어머니를 만나기로 되어 있었다. 성연이는 걱정이 많이 되었나 보다.

"저! 선생님 집에가서 무슨 말씀을 하실 건데요? 제가 꼭 곁에 있어야 하나요?"

"왜? 많이 긴장되니? 걱정 되니?"

"네! 전 엄마가 걱정할까봐 이런 이야기를 한 번도 해본 적이 없어요."

"마음이 많이 걱정될거야! 그러나 성연이를 도와줄 유일한 분은 어머니시잖아. 그리고 사실을 서로가 알고 대처하는 것이 가장 힘들지만 가장 좋은 해결책이잖아. 그리고 성연이는 분명히 네가 어떻게 해야 할지도 잘 알고 있어. 자! 용기를 내었으면 한다."

"네!"

어느덧 이야기를 나누다보니 거의 집에 다 왔다.

함께 집에 들어갔더니 유독히 응접실에는 커다란 사진들이 많이 걸려 있었다. 그것도 쉽게 알아볼 수 있었던 정치인들이었다.(나중에야 알았지만 성연이 새아버지는 나이트클럽 영업상무이면서 정치인들과 연관을 맺는 일명 정치깡패 정도에 해당하는 사람이었다.)

어머니와 성연이 그리고 나 이렇게 셋이서 이야기를 하였는데, 일단 어머님의 이야기도 참으로 대단하였다.

성연이가 초등학교 2학년 때, 어머니는 이혼을 하시고 가주점을 하고 계셨고, 새아버지는 거기에 자주오던 남자였었다. 두 분 다 이혼한 경험이 있어서인지 말이 잘 통해서 결혼을 하였는데, 결혼 후 새아버지가 자주 폭력을 행사하여 어머니가 매맞는 일이 많아졌다고 한다.

경찰에 신고라도 하시라는 나의 제안에

“남편은 모든 경찰과 정치인 그리고 검사까지 너무나도 잘 알고 있어요. 그러니 그것이 가능하겠어요? 도저히 불가능한 이야기에요.”라고 이야기를 하면서 본인의 운명처럼 체념하였다.

처음에는 이렇게 어머니의 이야기를 들었고 어머니에 대한 위로를 하였다. 그리고 나서는 성연이가 어머니에게 이야기를 하는 시간을 마련하였다. 이러한 가정환경 때문에 성연이가 얼마나 힘들고 괴로웠는지에 대하여 어머니에게 말을 하는 시간이다. 처음에는 말하기가 너무나 힘들고 어려웠지만 이내 곧 성연이는 얼굴이 붉어지면서 말을 하기 시작했다. 말을 하면서 성연이도 울고 어머니도 울고….

어머니는 같은 여자로서 딸의 끔찍한 경험을 막아주지 못했다는 죄책감으로 너무나 서럽게 울고 있었다.

성연이는 어머니가 모를 것이라는 생각을 하였지만 사실 어머니는 모든 것을 다 알고 있었다. 그래서 아버지에게 그렇게 하지 말라고 이야기도 했지만 오히려 그러한 사실 자체를 부정하는 아버지에게 엄청난 폭력을 당해야만 했다. 그래서 그러한 상황이 예상되면 꼭 어머니는 함께 있고 아버지와 성연이를 둘만 있게 하는 상황을 만들지 않는 소극적인 방법으로 대처해 오고 있었던 것이다. 성연이와 어머니는 서로 딸과 어머니를 떠나서 같은 여자로서의 운명과 신세를 한탄하여 더욱더 서럽게 울었으리라고 생각한다.

일단 어머니와 성연이의 관계가 크게 회복되었다. 또한 어머니로서 딸의 아픔과 괴로움을 최선을 다해 막아보겠다고 하였다. 그러나 어머니는 새아버지가 최근에는 그런 행동을 하지 않는다고 하면서 더 이상의 적극적인 행동은 생각하지 않는듯 하였다.

4시간이 넘는 가정방문 속에서 어머니와 딸의 모정을 다시 한 번 확인하며 이들은 자신들의 문제를 해결할 수 있는 기초적인 사랑과 신뢰가 회복되어 있음을 느꼈다.

그리고 나서 성연이는 E천사원에서 성실하게 봉사활동을 하였고 어머니께서는 성연이가 천사원에 갈 때에 과자 한 박스를 정성스럽게 싸서 보내기도 하셨다.

일주일 간의 관찰교육을 무사히 마치고 1학기 동안 성연이는 너무나 열심히 생활하였다. 지각, 결석을 한 번도 하지 않고 말이다. 모두들 달라진 성연이의 모습을 보면서 이는 하나의 마술이자 기적이라고 여겼고, 학교의 일부 경험이 많으신 선생님들은 일시적 현상이라고 하시면서 변화모습을 믿지 않았다.

그렇게 5개월이 무사히 지나가고 여름방학이 다가왔다. 당시 학교에서는 여름방학 때에 학교사회사업실의 1학기 프로그램에 참여한 학생들과 학생회 간부들 그리고 선도부 학생들과 함께 농촌 봉사활동을 가기로 하였다. 그곳에 가서 한 학기를 점검하고 또한 자신들의 문제를 스스로 해결하도록 도와주는 집단활동의 성격이 포함된 캠프활동이다.

미리 계획된 것이라 성연이에게도 꼭 함께 가자고 확답을 받아놓은 상황이었다. 그러나 여름방학 1주일 전부터 성연이는 다시 학교에 나오지 않았다. 담임 선생님도 집에 전화를 하니 받지를 않아서 예전에 적어놓은 아버지 사무실과 핸드폰으로 전화를 하는 과정중에 너무나도 어처구니 없는 일을 당했다는 것이다.

"저, 성연이 아버님이신가요? 성연이 담임인데요. 성연이가 학교를 안 나와서요."

"그런 일로 전화를 합니까? 나 바빠요. 딸깍!"

어머니와의 연락도 되지 않는다고 하여 내가 다시 연락해 보기로 했다.

"저 성연이 아버님 성연이가 다니는 학교의 학교사회사업가입니다. 통화하실 수 있나요?"

"왜 자꾸 전화를 하나? 엉? 애는 내가 데리고 있다고 했잖아."

처음 전화하는 사람에게 반말을 하다니… 그래도

"성연이가 학교를 안 나와서 걱정이 됩니다. 게다가 이번 여름방학 때에는 캠프도 참여해야 하는데요."

"캠프? 꼭 그런 데 가야하나? 나는 보내기 싫은데."

"그래도 아버님. 학교에서 학생들을 지도하기 위한 규칙입니다."

"아 – 됐어. 그런 거 누구한테 말하면 되나? 교감이야? 교장이야? 좋아 장학사에게 전화하지. 내가 전화할 테니 당신은 이제 나한테 전화하지 마. 알았어?"

"어떻게 그렇게 말씀하시나요? 부모라면 성연이의 교육에 협조를 해 주셔야 되잖아요. 부모로서 그렇게 말씀해도 되나요?"

화가 난 목소리로 이야기를 하였다. 그랬더니 금방

"너 이 XX 누구야? 엉? 어디다 대고 훈계야. 너 이 XX, 내가 너의 가정을 파괴할 수도 있어, 너도 쥐도 새도 모르게 죽일 수도 있다고… 무슨 말인지 알아? 그러니 까불지마. 이 XX. 다시는 전화하지 마. 딸깍.”

너무나 허탈하였다. 어떻게 이럴 수가 있을까? 비록 자신의 피가 섞여 있는 자식이 아니라도 아이들을 교육시키는 사람에게 이런 협박과 막말을 할 수 있을까?

비참하고, 분하고, 정신이 없었다.

그래도 어쨌든 성연이의 보호자가 참여하지 않겠다는 의사를 전해왔으니 우린 그냥 성연이를 두고 떠날 수밖에 없었다.

개학을 하고도 성연이는 학교에 오질 않았다. 예전 기억을 더듬어 집을 찾아가도 항상 문이 잠겨 있었다. 그러다가 9월에 성연이 어머니로부터 전화가 왔다. 그 내용은

“선생님 죄송해요! 그동안 연락을 드리지 못해서… 우리 성연이 어떻게 하지요?”

어머니 말에 의하면, 방학을 하기 일주일 전에 성연이 아버지와 어머니가 심하게 싸웠단다. 싸우다 보니 여러 가지 이야기가 나오게 되고 그렇게 하다보니 예전의 상황도 이야기가 나왔단다.(예전의 상황이란 성연이의 초등학교 6학년 때의 사건을 아버지에게 말했다.) 그러자 이 새아버지는 강하게 부인하면서 성연이와 어머니를 엄청나게 때렸단다. 어머니는 자신이 맞을 동안 성연이를 나가라고 피난시켰고, 그 후로 성연이는 연락이 없었단다.

어머니는 성연이를 찾아 다녔지만 성연이를 찾을 수가 없어 경찰에 가출 청소년 신고까지 하여 일주일 만에 아이를 찾아내

어 겨우 집에 데리고 들어왔는데, 집에 데리고 온 그날 아버지가 성연이를 보자마자

"쓸데없는 것을 왜 학교에다 말해서 창피하게 하느냐."고 소리를 지르면서 성연이를 때렸고 성연이는 그날 다시 집을 나가서 다시는 들어오지 않았다고 하였다.

어머니는 혹시 내년이라도 성연이가 들어올지 모르니 학교는 자퇴를 하겠다고 하였다.

어머니는 너무나 부끄럽고 죄송하다면서 전화만으로 통화한 후 자퇴에 필요한 서류를 내고 그냥 돌아갔다고… 그래서 정말 죄송하다고 하였다.

나의 생각으로는 당장 이혼이라도 권유하고 싶지만 어머니는 무슨 이유인지 그렇게는 못하는가보다. 그렇게라도 해서 살아가야만 하는 남모르는 이유가 있어서일까? 자신의 딸을 포기하면서 자신을 때리는 남편과 왜 헤어지지 못하는 것일까? 참으로 안타깝다. 성연이는 정말 많은 잠재력이 있는 아이였는데….

3년이 지나고 나서 늦은 밤에 성연이에게 전화가 왔다.

"선생님 정말 보고싶어요. 학교에 가고싶어요." 하면서 서럽게 울었다.

집을 나와 예전에 자신과 함께 지냈던 남자친구에게로 가서 함께 동거했단다. 그리고 지금은 다른 남자와 살고 있고, 일도 한다고 한다. 그러나 자꾸 시간이 가면 갈수록 학교를 졸업하고 싶다는 생각이 나며, 또한 고등학교에 대한 추억은 나와 함께 한 추억밖에 없다고 하였다.

만나자는 나의 제안에

"선생님! 그냥 나중에 제가 성공하면 찾아 뵐께요. 그럼 안녕히 계세요. 많이 보고싶을 거예요."라며 전화를 끊었다.

이것이 성연이와의 마지막 통화였다.

정말 성연이는 학교를 잘 다닐 수 있었는데… 정말 다니고 싶었는데….

가끔 성연이가 보고 싶어질 때면 관찰 교육을 할 때에 제작한 '어머니에게 보내는 영상편지'를 본다. 어느날 우연히 기쁘게 만날 그날을 확신하면서 말이다.

# 파출소에서 있었던 일

난 개인적으로 파출소에 들어가는 것을 싫어한다. 그것은 파출소와 관련된 별로 좋지 않은 기억을 간직하고 있기 때문이다. (이것은 나의 범법 행위나 경찰관과의 좋지 않은 실랑이가 아니라 철저히 나 자신에 대한 문제였었다.)

그 기억은 가정방문에서부터 시작되었다.

어느 날. 윤정혜 선생님이 학교사회사업실로 찾아오셨다. 요즘 어떤 학생이 4주째 학교에 오지 않아서 계속 연락을 하고 있는데 연락도 없다고, 또한 제적 통지서를 보내도 주인이 없어서 반송되어 온다고 어떻게 하면 좋겠냐고 했다.

그럴리야 없지만 혹시나 나쁜 일이라도 당했다면 큰일이 아니겠느냐고 하면서 담임으로서의 걱정이 이만저만이 아니었다. 그래서 우린 그 학생의 집에 가정방문을 가기로 하였다.

우리에게 있는 정보라곤 그 아이의 주소와 전화번호 그리고 부모님의 주민등록번호였다.

먼저 우린 그 학생이 가장 최근까지 살았던 집을 찾고 또 찾았다. 주소와 번지만을 가지고 찾는다는 것이 우리 나라에서는 왜 이리도 힘들고 어려운지… 그래서 부동산 중개업자의 도움을 받아 겨우 찾았다.

그러나 주소지에 나와 있는 집에는 벌써 다른 사람이 살고 있었고, 어디로 이사했는지 자신들은 모른다고 하였다. 예상했던 대답이었지만 그래도 윤정혜 선생님과 나는 매우 난감하였다. 어떻게 해야 할지… 일단 우린 어떻게 된 영문인지 알고자 왔으니 뿌리를 뽑자고 하여 끝까지 추적을 해보기로 했다.

우리는 동시에 동사무소를 생각했다. 동사무소에 전출입 신고를 통해서 소재지를 파악할 수 있으니까. 역시 동사무소도 힘겹게 힘겹게 찾아냈다. 그러나 그 해당 동사무소에서는 전출 신고가 되어 있지 않았다.

그래서 우린 파출소를 생각했다. 파출소에는 법무부의 전산망과 연결이 되어 있어서 주민등록번호만 입력하면 정보가 쫙 나온다는 통설을 기억을 했기 때문이다. 그래서 우린 파출소를 가기로 하였고, 윤정혜 선생님은 잠시 볼일이 있어서 다른 곳에 잠시 들렀다 간다고 하여 내가 먼저 들어가서 알아보기로 하였다. 평소에 파출소는 화장실을 개방하는 등, 민중의 지팡이 역할로 거듭난다는 홍보를 줄곧 해왔기에 경찰에 대한 이미지가 좋았고, 그래서 더욱더 서슴없이 파출소에 들어가게 되었다.

파출소에 근무하는 경찰관들에게 상황을 설명하였다.

"안녕하세요? Y여상에서 학교사회사업가로 있는 윤철수입니다."

"네? 뭐라고요?"

"학교사회사업가입니다."

"그게 뭔데요? 이봐 김순경 너… 학교 뭐? 뭐라고 했죠? 학교

거시기라는 거 알아?"

"잘 모르겠는데요? 어디서 오셨나요?"

학교사회사업에 대하여 되묻는 것만으로도 매우 심리적으로 위축이 된다. 왜냐면 아직 국내에서는 알려지지 않은 생소한 직업인데다가 발음도 어려워서 한 번에 금방 인식되지 않아서 만나는 사람들마다 자꾸 물어보게 된다. 학생들이라면 몇 번이라도 설명을 할 터인데 성인들이면 나름대로 판단을 하고 자신들이 학교에 다닐 때를 기억하여 판단하는 것 같아서 좀 성가시다.

예를 들면, 그게 뭐하는거냐? 학교에 그런 것이 있느냐? 합법적인 것이냐? 월급은 얼마나 받느냐? 교사자격증이 있느냐? 그렇다면 교사냐? 등등.

어느 것 하나라도 대답하기 곤란한 것들만 질문한다. 이때가 가장 난처하다.

이번에도 예외는 아니었다.

경관들이 3명이 모여들어서 여러 가지를 자세히 물어보더니 신분증을 달란다. 마침 주민등록증도 갖고 있지 않아서 없다고 하였더니, 학교 뭐라는 것을 증명할 수 있는 신분증을 달라고 하였다. 그것도 없다고 했더니 그럼 명함이라도 달란다. 없다고 했더니 무슨 그런 학교가 있느냐, 직원들 신분증과 명함도 안 만들어 주는 회사가 어디 있느냐고 하면서 매우 이상한 눈으로 보더니 나에게

"당신 뭐하는 사람이야? 뭐하는 사람인데 어린 학생을 수소문하고 다녀? 정말 학교직원 맞아? 전화번호 불러봐! 지금 당장 확인한다? 엉? 안 되겠어. 주민등록번호 대봐!"

"학생 아버지요? 아니면 어머니요?"

"무슨 소리야? 당신 말야 당신!"

갑자기 분위기가 이상해지더니 그 부모의 주소를 알아보기는 커녕 오히려 나에 대한 신원조회를 하고야 말았다. 정말 나에 대하여 증명할만한 아무 것도 없었다. 내가 참 비참해졌다. 마치 젊은 남자가 어린 학생을 찾으려고 수소문하고 다니는 것과 같다. 그것도 아주 엉뚱하고 이상한 눈으로 말이다. 다행히 윤정혜 선생님이 오셔서야 겨우 마무리가 되었다.

만일 혼자서 했다면 여러 가지로 어려움에 처했을 것이다. 세상에 공식적인 직함하나 없어서 이렇게 어려움을 겪게 되다니…. 씁쓸했다. 학생들을 도와주기 전에 나부터 내가 도와야 되지 않겠냐는 생각이 들었다.

학교사회사업가의 기본적 복지 문제를 해결하지 않고 누군가에게 무엇을 도와줄 수 있는 것일까? 비참하였다.

그러나 시간이 지나고 보니 어찌 보면 다행이었으리라!

괜히 그 집의 부모에게 망신을 당할 수도 있었는데 그렇지 않은 것이 다행한 일이 아닐까. 나는 그렇다 하여도 나 이외의 다른 학교사회사업가는 그런 일이 없기만을 간절히 바랬다. 그 순간, 문제를 해결해 준 윤정혜 선생이 그렇게 부러울 수가 없었다. 신분이 확실하다는 것 하나만으로 말이다.

분명 나는 이 사회에서 존재하지 않는 일을 지금 하고 있는 것이었다.

# 민희의 눈물

민희는 예쁘고 똑똑한 아이이다.

그러나 이 아이에게는 엄마도 아빠도 없다. 단지 피붙이라고는 함께 살고 있는 한 살 위의 언니가 전부이며 가족이라고 말할 때는 친가나 외가가 아닌 그냥 할머니와 할아버지가 있을 뿐이다. 민희를 처음으로 안 것은 학교 신입생 오리엔테이션에서였다. 담임 선생님인 백승림 선생님이 민희의 딱한 사정을 미리 아시고 학교생활을 함에 있어서 도움이 될 수 있도록 사회사업실에 의뢰를 해 주셨다. 학교사회사업실에 와서 민희와 이야기를 하는 도중에 느낀 것은 민희는 정말 사리가 분명하고 똑똑하며 너무나 훌륭한 아이였다는 것이다. 민희와는 관계성이 잘 형성이 되어서 자신이 살아온 어려운 이야기를 들을 수 있었다.

민희의 어머니와 아버지는 민희와 민희의 언니를 어느 집 문 앞에다 버리고 갔단다. 그것도 이들이 젖도 채 떼지 않았을 때인데도 말이다. 민희의 실질적 보호자이신 지금의 할머니, 할아버지(당시 그집의 주인이셨던)가 민희 자매를 키우셨다. 피도 한방울 섞이지 않았는데도 둘을 손녀딸로 생각하시면서….

세상에는 훌륭하고 귀한 분들이 많다고 생각한다. 민희의 할머니 할아버지도 그러한 귀한 분들이었다. 정말 친손녀딸처럼 아끼고 사랑해 주셨다. 민희는 사리가 분명하고 매우 똑똑하여 학급의 반장으로서도 제 역할을 다하고 있었다.

민희와 상담을 하고 나서는 이들에게 해 줄 서비스가 없었다. 너무나도 훌륭히 잘 해내고 있었기 때문이다. 그러나 이들 자매 둘이서만이 영구임대아파트에 살고 있다는 것이 좀 꺼림칙하였다.(할머니와 할아버지는 후암동 시장골목에서 조그맣게 식당을 운영하고 계셔서 주로 아이들이 주말이 되면 후암동에서 지내곤 하였다.)

그래서 민희가 살고 있는 주변에 가장 가까운 복지관과 연결을 시켜준다면 최소한 밑반찬 서비스나 아니면 거리상으로 가까이에 위치하고 있어서 학교생활을 마치고 난 이후에 도움을 받을 수 있을 것으로 생각되었다.

그래서 민희에게 설명하였다.

"민희야! 넌 매우 훌륭하게 성장하였구나. 참 많은 장점이 있어서 선생님이 도움을 줄 것이 없고 오히려 선생님이 도움을 받아야 할 것 같다. 학교에서 자주 학교사회사업실에 찾아와서 선생님을 좀 도와주었으면 한다. 그런데 선생님 생각에는 학교를 마치고 집에서 생활할 때에 여러 가지로 많이 힘들것 같아. 그래서 집 근처에 있는 ○○복지관 선생님을 소개해 주려고 하거든? 어렵고 힘들고 또한 외로울 때에 편안한 어른이 가까이서 도와줄 수 있다면 민희에게는 참 좋을 것 같아. 어때 괜찮겠지?"

이렇게 동의를 받은 후 ○○복지관 K과장에게 전화를 하여 부탁의 말씀을 드렸다. 그랬더니 K과장님은 알았다고 흔쾌히 승락

을 하셨다. 난 너무 잘되었다고 생각되어

"민희야! ○○복지관 선생님이 너희 집을 방문하신대. 잘된 것 같아."

그러나 몇차례 전화를 드리고, 만나서 부탁을 드렸는데도 K과장님은 단 한번의 방문이나 전화 통화도 하지 않았다.

'학교 사회사업가와 지역사회복지관의 사회복지사와 이렇게 협력이 안 되는구나.' (물론 지금은 협력이 잘 이루어지고 있다고 한다.)라는 생각만을 한 채 나도 한동안 잊고 있었다.

그러던 어느날 담임 선생님으로부터 연락을 받았다. 지난밤 민희가 이웃집 청년으로부터 성폭행을 당했다는 것이다.

담임 선생님과 나는 얼마나 슬프고 허탈하고 세상이 정말 싫었다.

'세상은 왜 이렇게 민희처럼 성실하고 정직하고, 예쁘게 살아가는 아이를 가만두지 않고 상처만을 주는 것일까?

일단 담임 선생님과 함께 민희가 있는 할머니집으로 갔다. 할머니는 식당으로 찾아간 우리를 보자 이내 곧 눈물을 흘리셨다. 그리고는 곧 민희가 있는 2층의 다락방으로 가보라고 하였다.

다락방에 올라간 우린 누워있는 민희를 보았다. 민희는 우리를 보자마자 참으로 서럽게 울었다. 담임 선생님은 서럽게 우는 민희를 와락 껴안고 함께 목놓아 울었고 나도 얼마나 울었는지 모른다. 내가 민희에게 무릎을 꿇고라도 사과를 하고 싶었다.

한사람의 어른으로서 남자로서 정말 너무나 끔찍한 짓을 한 사람을 대신해서라도 사과를 하고 싶었다. 내가 대신하여 사과를 해서 민희의 마음이 조금이라도 위로가 될 수 있다면 얼마든지 할 수 있었다. 그러나 그것이 무슨 의미가 있으랴….

아무런 말도 하지 않고 우린 한동안을 울었다.

우린 민희의 밝음, 명랑, 기쁨 등 참으로 소중한 재산을 짓밟아 버린 그 짐승같은 인간을 정말 정죄하고 싶었다. 그나마 다행이 민희의 할아버지가 모든 법적조치를 다 해놓으셨다. 그래서 그 파렴치한 가해자는 이미 경찰서에 있었다.

그러나 그가 그 어떠한 형벌을 받더라도 민희 마음 안에 있는 상처를 치유할 수는 없을 것이다.

우린 민희에게 아무런 위로가 되지 않는 말만을 하면서 할머니의 집을 나왔다. 할머니는 학교를 무사히 졸업하게 해달라고 담임 선생님에게 애원하였다. 사실 이러한 사실이 알려지면 민희에게는 얼마나 괴로운 일일까?

담임 선생님은 할머니에게

"아무런 걱정을 하지 마세요. 저희가 꼭 민희를 졸업시킬 거예요."라고 위로하고서 우린 발길을 돌렸다. 그러나 너무나 허탈하여 우린 아무 것도 할 수 없었고, 이대로 집으로 헤어질 수도 없었다. 우린 찻집에 앉아서 아무런 말도 서로에게 하지 않았다. 할말도 없고, 또한 있더라도 하고 싶지도 않았다. 자꾸 민희에 대한 생각 때문에, 민희를 슬프게 한 그 짐승같은 놈, 아니 민희가 갖고 있는 아주 소중한 것 마저 빼앗아 가버린 이 사회가 너무나도 저주스러웠다.

한동안 민희는 괴로워하다가 시간이 지나고 난 후에 평온함을 찾게 되었다. 참으로 대단하고 훌륭한 아이였다. 아마도 아픔을 이겨낼 수 있었던 이유는 민희가 살아온 날들이 아픔의 연속이었기에 이러한 아픔에 단련이 되어서일지도 모르겠다. 그러나 이러한 생각을 하면 할수록 더욱더 가슴이 아팠다.

'민희는 아픔보단 즐거움과 기쁨을 누려야 할 나이인데…'

물론 민희의 아픔에 대해서는 철저히 비밀보장을 해 주었다. 담임 선생님도 평소와는 다르지 않게 대해 주셨고, 나는 학교생활을 잘 할 수 있도록 간헐적 상담을 하게 되었다. 민희는 담임 선생님께도, 또한 남자이면서 자신의 비밀을 알아버린 나에게도 자칫 관계를 단절할 수도 있었지만 그렇게 하지 않았다. 민희는 졸업할 때까지, 그리고 졸업 후 대학에 입학하고도 얼마동안은 연락을 하게 되었다.

그러나 지금은 연락이 끊겼다. 오히려 연락이 끊긴 것이 민희를 위해서 좋은 것이라 생각된다. 민희는 그때를 잊어야 한다. 그래야 새로운 삶을 시작할 수 있기 때문이다.

난 그 복지관 K과장을 너무나 원망하였다. 만일 복지관에서 조금만 관심을 보였어도, 아니 가정방문만이라도 하였어도, 지속적으로 서비스를 주었어도 이런 일이 벌어지지는 않았을텐데… 라는 생각이 들었다. 물론 지금도 이 생각은 변함이 없다. 난 사회복지사들이(나와 K과장) 민희의 아픔은 분명 예방할 수 있었을 것으로 생각한다. 그러나 그러지 못했던 것이다.

지역사회 복지관과 연계하지 못하는 학교사회사업가는 교사, 상담가, 치료가는 될 수 있어도 진정한 학교사회사업가는 되지 못한다고 생각한다. 난 분명 진정한 학교사회사업가는 아니었다. 한없이 부족하고 미숙한 부끄러운 학교사회사업가였다.

## 민희에게 보내는 편지

민희야!
넌 분명 이제부터 행복할 거야 !
그동안의 모든 아픔은 사라지고 이젠 정말 행복만이 너를 기다릴 것이라 확신한다.

민희가 행복해지고 나서,
지금으로부터 시간이 한참을 지나
먼 훗날의 미래의 낯선 곳에서
우리 서로 만날 때

그냥 간단한 눈웃음만으로 지나치자.
그것이 너에 대한 나의 가장 큰 선물이 될 것 같다.
간단한 눈인사로 지나가고 나서
돌아서서 서로가 그리워질 때
정말 그 때가 온다면 이 지면(紙面)에서 만나자구나.

그 때가 온다면 아마 우리의 모습을 그려 본다면

서로 각자 다른 곳에서
이 책을 들고
서로를 생각하겠지….

그리고 힘없이 책을 덮으며
지나버린 웃음지으며
각자의 행복 속으로 돌아갈 날이 오기를….

# 연극 '빈방있습니까?' 와 '빈방 많은 진경이'

진경이는 뇌성마비를 앓고 있는 학생이었다. 특수학교에 갈만한 아이인 것 같은데 어떻게 해서 실업계 고등학교 왔는지 모를 정도로 눈에 띄는 장애를 갖고 있는 학생이었다.

진경이는 자주 학교사회사업실에 온다. 그러나 왔다가도 학생들이 많이 있으면 이내 곧 나가버리고, 학생들이 많이 없을 때면 내 곁으로 와서 여러 가지 이야기를 하곤 하였다.

말을 할 때에도 천천히 공을 들여 말을 하는 모습이 참 대견하고 예뻐보였다. 그러나 더욱더 예쁜 것은 어느 날 나에게 사탕을 주는 그 마음이었다.

학생들에게 사탕을 나누어주면서 정작 난 그 사탕을 먹거나 학생들로 사탕을 받아보진 못했다. 그런데 진경이는 집에서 가져왔는지 캔디 3개를 가져와 나에게 주면서

"선생님은 애들에게 사탕만 주고 드시지 못하니 내가 가져왔어요. 선생님 드세요."라고 힘겹게 말을 하였다. 참 예뻤다.

그러던 진경이와 대화하던 중 우연히 연극이야기가 나오게 되었다. 진경이는

"연극이 뭐예요?"라고 물어본다.

"연극은 말야. 음… 어떻게 설명해야 하나? 진경이 너 영화관에 가봤지? 영화관에서는 사람이 나오지 않…."

"영화관도 가보지 않았는데요?"

"그럼 너 어디 가봤니?"

"전 가본 적 없는데요? 집하고 학교 이외에는요!"

"그래?"

진경이는 혼자서 한 번도 나들이를 해보질 못했다. 학교도 부모님이 꼭 데려다 주신다. 두분은 장사를 하시기에 새벽시간이 매우 중요한데 꼭 진경이를 데려다주신다. 아니 진경이는 혼자서 아무것도 해보질 못했다.

지하철도 타보질 못했고 사람이 많이 모인 곳에 가보지도 못했다. 이러한 진경이가 영화관이나 연극을 알리가 없었다.

"진경아! 너 연극 보고 싶니?"

"네! 정말로 보고 싶어요!"

"그래? 그럼 연극 보러갈까?"

"정말요? 근데 엄마가 허락을 하지 않을 거예요."

"선생님이 데리고 가면 되지 뭐!"

이렇게 해서 우린 연극을 보러가게 되었다.

학교사회사업실에 자주 와서 프로그램을 함께 했던 아이들과 함께 12월 셋째주 월요일 '교실이데아'를 보러 대학로에 나갔다. 대부분 극단들이 월요일에는 공연을 하지 않음을 잊고 아이들과 함께 연극을 보러 나갔던 것이다.

우린 너무나 난감했다. 원래 보려하였던 '교실이데아'는 물론이고 다른 것도 볼 수 있는 것이 하나도 없었다.

한참을 헤매고 찾고 나서야 겨우 공연 하나를 찾을 수 있었다.

바로 '빈방있습니까?' 라는 종교극단의 공연이었다.

우린 일단 이것이라도 보기로 했다. 그리고 우린 패스트푸드점에서 간단히 햄버거를 먹었는데, 진경이가 너무나 맛있게 잘 먹었다. 패스트푸드점도 처음 온 데다가 감자튀김을 처음 먹어본다고 하였다. 너무나 신이나서 잘 먹는다. 그리고 사람구경하는 것이 너무나 신이 나는가보다.

드디어 연극이 시작되었다.

그 연극의 내용은 성탄절이 다가올 무렵 어느 교회에서 있었던 이야기이다.

청년들이 성탄절날 공연할 연극을 한참 준비중이다. 그 교회에서 멋진 청년들이 마리아와 요셉 그리고 동방박사 등이 되어 연극을 준비한다. 그 교회에는 정신지체인 청년이 있었다. 그 청년은 예수님을 사랑하는 청년이었다. 드디어 성탄절날 무대가 올라가고 한참 최고조에 달하는데

요셉과 예수님을 잉태하여 몸이 무거운 마리아가

'빈방있습니까?' 라고 애처롭게 방을 구하고 있는 장면에서

여관 주인들은 '빈방이 없다' 라고 하며 문전 박대를 한다.

모두가 딱해하고 있는 장면에서 그 정신지체 청년이 갑자기 무대 위로 올라와서

"우리 아기 예수님이 계시는데 빈방이 왜 없나요? 우리 죄를 대신하여 죽으신 아기예수님이 여기에 계세요. 방을 주세요." 라고 울면서 무대 셋팅을 망쳐놓는다. 그러면서

"마리아님. 우리집에 가세요. 우리 집에는 빈방이 있어요. 제가 쓰고 있는 제 방을 드릴게요. 어서 가세요."라고 하면서 연극을 망쳐놓

는다.

갑자기 성탄절 교회는 어수선해지고 연극은 망쳤고, 그 장애인 청년은 교회지하실로 끌려오게 된다. 그 청년은 울면서

"이렇게 추운데, 우리를 위해 오신 예수님인데 빈방이 없다니… 우리 집에 오셔서 내 방을 쓰시면 될텐데… 추운 마굿간에서…."라고 독백을 하면서 연극은 막을 내리게 된다.

정신지체 장애인의 순수한 눈으로 본 성탄절의 진정한 의미가 주제인 감동적인 연극이었다. 그러나 더욱더 감동적인 것은 진경이였다. 진경이는 그 연극을 보면서 한참을 울었다. 막이 내리고 나서도 자리를 뜨지 못하더니 나에게 물었다.

"선생님 저 사람한테 가서 위로를 해 주고 싶어요."라고 이야기를 하였다.

"그래? 그럼 함께 가자!"라고 하면서 그 주인공 배우에게로 갔다. 진경이는 그 배우가 진짜 장애인인 줄 알았던 것이다. 그래서 그 장애인 친구의 순수한 마음을 누구보다도 잘 이해할 수 있었던 것이다.

진경이는 무대 앞으로 어렵게 가서 주인공 배우의 손을 잡더니 한참을 소리내어 울었다. 그 배우도 진경이가 걸어오는 것을 보면서 왜 우는지를 공감하는 것 같았다. 그 배우도 진경이와 함께 울어줬다. 그 배우가 참 고마웠다. 그 아름다운 모습에 나도 그리고 함께 간 녀석들 모두가 울었다. 연극보다 더 감동적인 순간이었다.

진경이는 주인공에게 뭐라 말하면서 그 손을 놓았다.

우린 진경이를 데리고 밖을 나왔다. 물론 배우들에게 고맙고

감사하다는 말을 잊지 않고 말이다. 우린 시간이 너무 늦어서 서둘러 집으로 헤어졌다.

나는 진경이를 차로 데려다 주었다. 첫 세상나들이에 피곤하였나보다. 올 때는 신기하게 밖을 보더니 갈 때는 곧 쓰러져 잔다. 그 자는 모습이 정말 천사와 같았다.

나중에 진경이 집에 가까이 와서 부모님이 나오시기를 기다리는 중에 이끼 무슨 말을 했느냐고 물어보았다. 그랬더니

"우리 집에도 빈방이 있다고요. 잘 곳이 없으면 우리 집에 오라고 했어요."라고 말했다고 하였다.

진경이는 아직도 그 주인공이 자신과 같은 장애인 배우로 알고 있었다. 그렇게 알고 있는 진경이가 행복해 보였다.

오늘 진경이는 정말 행복했다고 하였다. 진경이 부모님이 나오셨다. 부모님은 고맙고 감사하다고 하면서 계속 흘러내리는 눈물에 말을 잇지 못하셨다.

그런 부모님께 진경이와 함께 갈 수 있어서 내가 행복하였다고 말하였다. 그것은 정말 사실이었다. 진경이는 정말 마음에 귀한 분을 모실 빈방이 있었다. 그것은 진경이만이 갖고 있는 귀한 방이었다.

나는 진경이와 헤어지면서 나에게 스스로 물어보았다.

'내 마음에도 진경이와 같이 귀한 분을 모실 빈방이 있나?'

나에게는 빈방이 없었다.

난 진경이 덕분에 그해 성탄절은 귀한 분을 모실 마음의 빈방을 청소하고 깨끗하게 마련하였고 어떠한 마음으로 성탄절을 맞이해야 한다는 신앙적 영감을 얻게 되었다.

마음 속에 누구를 위한 '빈방' 의 여유조차 없는 나에게 진경이는 사랑이 풍부한 자신의 '빈방' 에 나를 초대하였다. 분명 진경이는 천사였다. 천사는 겉으로 보기에만 아름다운 모습으로 우리 앞에 나타나지는 않는다.

제 5 부

# 사랑하는 아이들아!
# 너희가 보고싶다

# 매장될 뻔한 홀딱 쇼(?)

한 번은 3학년 아이들과 함께 퇴촌에서 야영할 때의 일이다.

퇴촌 야영장은 낮에는 여러 선생님들이 프로그램을 운영해 주셔서 좋은데 저녁 때의 프로그램이 특별히 없어 학교에서 준비해 가는 것이 필요했다. 그래서 아이들과 함께 당시 유행인 립싱크 경연대회를 통해 저녁 때의 프로그램을 준비해 갔다. 기존의 장기자랑보다는 특정한 주제나 공통의 행동 항목을 정해 주어 각 학급별로 그 내용을 준비하게 한다면 더욱더 활발하고 멋진 응집력이 생성된다는 이벤트의 원칙에 충실했다.

둘째 날 밤에 립싱크 경연대회를 준비하는데 갑자기 오세근 선생님이 검정 비닐을 갖고 오셨다. 이유는 해마다 학교에서는 막내들이 학생들을 위한 깜짝쇼를 해야 한다는 것이다.

예전의 김성진 선생님도 학생들에게 여자 분장을 하기도 했으며 깜짝쇼도 했다는 것이다. 아마도 아이들이 선생님의 무너지는 모습을 보면서 사제간의 정도 쌓이는 것이라고 하면서 막내들은 다 해야 한다고 하였다. 나는 처음에는 고사하였다. 어떻게 그럴 수 있냐고, 그럴 수 없다고 하면서 말도 안 된다고 하였다. 그러나 나의 이러한 절대거절에 오히려 재미가 있으셨는지 주변

선생님들도 진짜 해야 한다고 하면서 검정 비닐로 비키니 수영복을 만들어 주었다.

나는 정말로 해야 하는 줄 알았다.

여장을 하고 춤을 추는 것은 나에게 그다지 어렵지가 않았다. 왜냐하면 그것은 군대에서도 정말 많이 해 보았기 때문이다.(나는 해병대를 제대하였는데 해병대에서는 나를 여자처럼 생겼다고 해시 틈만 나면 나를 여장으로 꾸미고 여자와 관련된 보는 것을 시켰고 나는 훌륭히(?) 그 역할을 감당해야 했었다.)

드디어 각 반별로 프로그램이 끝나고 불이 꺼지면서 오세근 선생님의 목소리가 들렸다.

"전통적으로 있는 특별 쇼! 여러분들을 위해 춤을 추실 미스 Y양을 소개합니다."

아이들은 기대감으로 박수를 치고 마침 들려오는 음악은 무지 느끼한(?) 음악이었다. 그냥 그 음악에 맞추어 춤을 추는데, 어느덧 하다보니 나도 모르게 해병대에서처럼 리얼하게 하고 있었다.

여고생 아이들은 난생 처음보는 느끼한 춤에 소리소리를 지르면서도 조금 더 가까이 보기 위해 앞으로 나왔고 소리지르고 난리도 아니었다. 나중에 들으니 선생님들도 다 넋이 나가 입이 벌어진 채로 닫혀지지가 않았다고 하였다.

대충하고 무대 뒤로 왔는데, 세상에 나에게 하라고 강요한 오세근 선생님의 얼굴은 하얗게 질려서 도대체가 말이 아니었다.

그때의 표정의 의미는

'일이 터졌다. 세상에! 하라고 해도 그렇지 어떻게 그런 춤을 애들 앞에서….'

하라고 시켜도 내가 너무 리얼했다는 것이다. 세상에 그렇게 할 줄을 몰랐다는 것이다.

나는 많은 깜짝쇼를 해왔는데, 보통 공연이 끝나고 나면 항상 환영받고, 영웅의 위치로 탈바꿈되었는데 지금은 아니었다.

아이들의 반응은 더욱더 심하였다.

"세상에 그럴 줄 몰랐다!"

"무슨 상담선생님이 저러냐."

"너무했다." 등등 위에 적은 반응들은 그래도 내가 창피하여 엄선한 반응들이었다.

그리고 아이들은 나를 쳐다보지도 않았다

평소에 나를 좋아하였던 아이들조차도 다른 아이들의 반응에 많이 울었다고 한다.

나는 당황할 수밖에 없었다.

'하라고 해서 했는데 왜 그러지?'

마침 곧 방학을 하였고 아이들은 금방 잊어버렸다. 또한 그동안의 성실함이 있었기에 그나마 무사했던 것 같다.

나중에 오세근 선생님은

"선생님! 정말 너무나 미안해요. 그런데 윤선생님도 참 너무하지, 세상에 정말로 그렇게 리얼하게 하시면 어떻합니까? 어쩜, 시킨다고 그렇게 잘하면 어떻게 합니까?"라고 하면서 사과를 하셨다.

전에는 오세근 선생님이 너무나 야속하게 보였지만 그래도 진심이 그것이 아니라는 것을 알게 되었고, 또한 후에는 나에게 든든한 지지자가 되어 주셨다. 그래도 다행인 것은 당시 학생들이 나의 춤솜씨(?)에 너무 놀라서 손에 들고 있던 사진기 셔터를 미처 누르지도 못한 채로 모두 구경만 하여 증거물이 남아있지 않다는 것이다. 아마 그 사진이 공개되는 날 나는 아마 매장(?) 될 것이다.(근데 이 이야기를 왜 하지?)

# 재민이의 집에서

재민이는 육상을 하였던 아이다. 전국체전에 출전하여 입상까지 한 육상의 유망주였다. 그러나 재민이는 여러가지 상황에 휘말리어 선수 포기 각서를 쓰게 되었고, 그래서 일반 인문계 고등학교로 전학을 오게 되었다. 그러나 인문계 고등학교에서의 학교생활이 그리 쉽지만은 않았다. 그래서 자꾸 문제도 일으키고 교장, 교감 선생님은 재민이가 사고를 많이 일으킨다고 하여 전학이나 자퇴를 시켜야 겠다는 말을 하곤 하였다.

그래도 재민이는 체육 선생님인 경일현 선생님을 매우 잘 따랐고, 그 선생님은 재민이를 가장 많이 배려해 주었고 또한 많은 도움을 주고 계셨다. 재민이는 고등학교 생활에 대한 회의와 자신감을 상실하자 자퇴에 대한 생각을 깊게 하게 되었고, 이러한 생각은 체육 선생님과 여러 차례 면담중에 확인이 되었다. 그러던 중 담임 선생님과 경일현 선생님이 의뢰를 해 주셨고 담임 선생님과 경일현 선생님, 그리고 학교사회사업실에서 어떻게 하면 재민이를 도와줄 수 있을지에 대하여 공동으로 논의하였다.

자퇴를 결심한 재민이에게 자신의 결심이 올바른 것인지, 그리고 자퇴할 준비나 능력이 되어 있는지, 앞으로 자퇴의 계획은 어떠한 것이지에 대하여 알아보는 프로그램을 하기로 하였다. 일주일 동안 자퇴의 준비를 시켜 내보내자는 것이다.

재민이도 자신의 앞날을 위해 일주일 정도를 깊게 생각하는 것이 도움이 된다고 판단하였기에 동의를 하였다. 그래서 자퇴를 이미 결심한 재민이와 일주일 동안의 특별 프로그램을 시작하였다. 프로그램의 목적은 재민이에 대하여 충분히 이해하며 자퇴에 대하여 원점에서 다시 생각해 보고, 학교에 지속적으로 다니기로 결심을 했다면 학교에 적응을 할 수 있는 계획과 도움을 주고, 만일 자퇴를 하기로 결심을 했다면 자퇴할 준비와 계획을 세울 수 있도록 함에 있었다. 개별상담의 시간에 재민이는 자신이 살아온 나날을 이야기하였다.

재민이는 술을 먹지 않고 자신이 살아온 이야기를 하는 것이 처음이라고 했다.

재민이의 가족은 아버지, 어머니 그리고 재민이였다. 아주 어려서부터 재민이는 부모님이 자주 다투시는 것을 보고 자라났으며 그때부터 재민이는 밖으로 달아났다. 재민이가 한참을 밖에서 놀다가 어두워져도 집에서는 찾지 않았고, 재민이는 밤이 되는 것이 무서워 집에 들어가면 항상 집안은 난장판이었다고 한다. 그러면 재민이는 아무런 표현을 하지 않고 불편한 마음을 이끌고 찬밥을 혼자 차려 먹으며 잠을 자야 했다. 다행히 재민이는 달리기를 아주 잘하였는데, 재민이의 유일한 희망은 육상이었다.

어떠한 대회에 가더라도 항상 상을 타왔으며 그때마다 가장 행복했다고 하였다. 그러나 고등학교에 진학할 때 스카웃 소용돌이에 휘말리어 선수포기각서를 써야 하는 등 이젠 더 이상 선수로서 달릴 수 없게 되었다. 그래서 인문계 고등학교로 진학을 하게 되었는데, 그전 학교에서는 너무 적응이 힘들어 이곳에 전학을 오게 되었고, 여기에서도 결국 자퇴에 대하여 생각을 하게 되었다.

사실 재민이에게는 1교시부터 6교시까지 책상에 앉아 있어야 하는 것은 또다른 하나의 훈련이었다. 특히 수업시간에 공부를 해야 한다는 것은 그전까지는 해 보지 않았던 새로운 일이었다.

운동 선수였던 학생이 본인의 의사와는 관계없이 하루아침에 선수생활을 포기하고 공부하는 학생으로 변해야 한다는 것은 너무나 어렵고 힘든 일이었다.

가족도 더 이상 재민이에게 관심을 가져 주지 않았고, 학교생활도 자신이 없었으며, 학교 관리자(교장, 교감 등)는 이러한 재민이를 수업분위기를 흐리는 아이라고 여기면서 별로 달가워하지 않았다.

프로그램 중에 재민이네 가정방문을 가보았다. 재민이에게는

'그냥 너희 집에 놀러 가자! 가서 네가 끓여주는 라면을 먹고 싶다. 물론 라면은 내가 산다. 그리고 재민이 어릴 때의 사진을 보고 싶다.' 라고 하면서 가정 방문의 이유를 이야기하였다. (나는 가정방문을 갈 때에는 꼭 학생에게 라면을 직접 끓이도록 한다. 그리고 그 라면을 함께 먹으면서 이야기를 하고 학생의 앨범을 함께 보면서 옛날의 이야기를 함께 나눈다. 이렇게 가정방문을 하고 나면 아이들이 나를 대하는 태도가 더욱더 친밀해진다.) 사실 가정방문을 가보면 가족의 분위기나 부모의 양육태도 그리고 학생의 아동기 특성들이 고스란히 남아있기에 가정방문을 하는 것이다. 또한

가정방문을 통해 아이들과 자신의 옛 이야기를 하고나면 아이들과의 관계 형성이 매우 잘 이루어지기 때문에 가정방문을 한다.

나는 그전까지 실업계 고등학교 아이들의 가정방문을 많이 다니면서 '일반 인문계 고등학생의 가정은 실업계 학생들의 가정보다는 상대적으로 여유롭고 부유하겠지.' 라는 확인되지 않은 일반적인 생각을 하고 있었다.

그러니 재민이네 집을 가보는 순간 그 생각은 깨어지고 말았다. 즉 단순히 가정 형편의 이유로 실업계 학생과 인문계 학생으로 나누어지는 것이 아니라는 것을….

재민이네 집을 가보니 완전 지하나 다름없는 반지하방이었다. 그리고 그 안에 들어가니 지저분하고 햇빛도 들지 않는 곳에 온갖 옷들이 널려져 있는 침대 하나와 그 앞에는 겨우 문을 열 수 있는 옷장이 있는 안방, 그리고 안방을 통해 들어갈 수 있는 자그마한 쪽방이 있었다. 재민이의 방은 다락방을 개조한 것 같았다. 창문은 아주 작은 것이 있지만 햇빛은 들어오지 않았고 1인용 침대의 폭만큼의 좁은 공간에 침대 하나와 책장 하나가 전부였다. 음침한 안방에는 어디서 구해 왔는지 모를 야외용 식탁이 있었고 그 위에는 먹다 남은 라면이 들어 있는 다용도 냄비가 놓여 있었다.

일단 재민이에게 라면을 끓여달라고 부탁한 후 재민의 방을 둘러 보았다.

벽에는 수없이 많은 메달이 걸려 있었다. 대부분 육상 선수 생활을 하면서 초등학교와 중학교 때의 메달들이었다. 족히 한 50여 개는 되어 보였다.

재민이는 아직도 그 메달을 소중히 간직하고 있는 것이다.

“선생님. 라면 다 되었어요. 드세요.” 재민이가 투박한 목소리로 나를 불렀다.

“그래! 갈게.”라고 말하고 나서 안방으로 넘어가는데 걸리는 시간은 채 1초도 되지 않는다. 재민이가 끓여온 라면은 퍼지지도 않았다. 라면을 아주 많이 끓여보았거나 아니면 음식 솜씨가 훌륭하거나 둘 중에 하나이다. 게다가 김치가 없어서 단무지만이 조금 있는 식탁. 재민이네 집에서는 이것도 과분할 뿐이다. 재민이는 라면만 먹고 양이 차지 않는지 2, 3일 정도는 쉽게 지나보이는 표면이 딱딱하게 굳어있는 그런 밥을 아무렇지도 않게 덜어 먹는다. 재민이의 모습을 보고 나도 아무렇지 않게 똑같이 했다. 그러나 딱딱한 밥알이 라면 국물에 미쳐 풀리지 않아 종종 이가 아팠다.

‘재민이가 이렇게 살아가는구나.’

엄마나 아빠와 같은 어른의 손길이 전혀 닿지 않은 그런 가정이었다.

라면을 먹고 나서 옛날 재민이의 어렸을적 사진이 담긴 앨범을 보면서 모르는 것에 대하여 설명을 해달라고 하였다. 재민이는 쑥스러워하면서 이야기를 해 주었다. 반바지와 소매 없는 내의 차림의 아버지와 어린 재민이의 행복했던 모습들, 어머니와 아버지 사이에서 재롱을 부리는 재민이의 모습들, 육상하는 재민이의 멋진 모습들….

재민이는 그러한 모습들을 설명하면서 자신에게도 있었던 행복했던 순간을 떠올리고 있었다. 나는 재민이의 그런 모습을 보고 나서는 한동안 말을 걸지 않았다. 왜냐면 재민이가 누리는 짧지만 행복한 순간을 좀더 오랫동안 유지해 주고 싶었기 때문이다. 내가 본 재민이의 모습 중 최근에 들어서 가장 행복한 순간이 아니었을까?

어느덧 전화가 울리더니 재민이는 현실로 돌아왔다. 어두컴컴한 그런 자신의 가정으로 말이다. 함께 설거지를 하고 나서 집을 나왔다. 나올 때에는 재민이와 한 1미터는 더 가까워진 것 같았다.

2일간의 프로그램을 더 진행한 후 재민이는 최종 결정의 순간에서도 자퇴를 결심하였다. 자퇴를 하면서 자신의 관리는 이렇게 하겠다고 하였고 어떠한 삶을 살아가겠다고도 계획을 세웠다. 자퇴를 하는 그 순간 부모님의 의사확인은 전화로만 하고 끝내 재민이 혼자서 부모님의 도장을 들고 학교에 와서 서류를 정리하고 경일현 선생님과 나에게 인사를 한 후 쓸쓸히 교문을 나섰다. 너무나 안타까웠다. 그래도 자퇴의 준비를 시켜줄 수 있게 되어 한편으로는 안심은 되지만 더 이상 내가 할 수 있는 일이 없었다.

재민이는 그 이후로도 자주 만났다. 약 두 달에 한 번 정도를 만나면서 어떻게 지내는가에 대하여 이야기를 나누곤 하였다. 특이한 것은 재민이는 다른 아이들처럼 아르바이트를 하지 않는다는 것이다. 재민이는 아르바이트를 하지 않고 그냥 집에서 중학교 공부를 한다고 하였다. 자퇴의 생활이라는 것이 무료하고 자신과의 힘든 싸움인지라 무엇인가를 시작하는 것은 매우 큰 의미를 갖는다. 그리고 재민이는 이듬해에 다른 고등학교로 복학을 하였다.

한 7개월이 넘는 나날을 어떠한 소속감도 없이 혼자서 지내야 한다는 그 기간과 경험이 재민이로 하여금 다시 학교로 돌아오게 하였고, 재민이는 다른 학교에서 졸업을 하였다.

재민이에게 나와 만났던 그 일주일은 어떠한 의미가 되었을까? 매우 궁금하게 여겨진다. 아마 이러한 궁금증은 먼 훗날 재민이와 다시 만날 때에 풀어질 것이라 생각된다.

# 승기와 성이 그리고 승준이

승기는 H고등학교에 입학하기 전부터 나와 알고 지냈다. 왜냐하면 승기는 예전에 학교사회사업을 실시했던 B중학교에서도 아주 유명하였던 아이여서 입학하기 전부터 따로 불러서 상담을 해왔고, 또 1학년 때에 승기의 가정문제로 학교사회사업실에서 나와 상담을 하면서 지냈기에 어느 정도 친밀한 관계가 형성되었다. 또한 학교 내에서 선생님들의 많은 관심을 받으면서 생활을 잘 하고 있었다. 만남 초기부터 느꼈던, 승기의 외모에서 풍기는 이미지는 완전히 주먹 좀 쓰는 아저씨의 이미지였다. 담배에 쩔어 있는 듯한 시커먼 얼굴, 그러한 얼굴과 모습들은 고등학교에 올라와서는 많이 바뀌었다. 특히 폭력 가정 속에서 겪는 어려움을 상담을 통해 도와주어 어려운 고비를 무사히 잘 넘긴 승기였다.

그러나 교장 선생님은 '승기는 자꾸 사고를 치고, 그리고 언제라도 사고칠 위험성이 있으니 기회만 되면 전학을 보내야 한다' 고 하면서 아주 못마땅해 하셨다.

그러는 가운데 승기는 2학년이 되었고, 승준이가 전학을 와서, 성이와 함께 셋이서 절친하게 지내고 있었다.

그때 1학년에 보통이 아닌 홍○○라는 녀석이 전학을 왔다. 녀석은 거짓말과 남을 이용하는 데 능수능란한 아이였다고 한다. 눈에 보이는 뻔한 거짓말을 서슴지 않고 하며 또한 거짓말이 탄로가 나도 아무런 죄책감도 없이 사과도 안 하는 아이였다. 그리고 자신보다 약한 아이에게는 마구 심부름을 시키며 군림하려고 하는 아이였다. 그러던 중 어느날 이 녀석은 무단 외출하여 담배를 피우다가 경일현 선생님에게 걸렸는데 이 녀석이 승기 형이 시켰다고 하면서 거짓말을 하기 시작하였다.

이를 이상하게 여긴 경일현 선생님은 대질신문을 실시하였고 여기에서도 홍뻔뻔은

"형이 담배 사오라고 시켰잖아!"라고 이야기 하면서 거짓말을 하였다.

체육 선생님에게 많이 혼난 승기는 뻔뻔이를 혼내 주어야 한다는 생각으로 방과 후에 만나자고 하였다. 그랬더니 뻔뻔이는 학생부에

"승기 형이 나를 때리려고 해요."라고 말하여서 승기는 또 혼이 났다.

화가 날대로 난 승기는 기회를 보고 있다가 성이와 승준이랑 함께 있을 때에 뻔뻔이를 만나게 되었다. 그러는 과정중에 뻔뻔이는 선생님이 시키는 대로 했을 뿐이라면서 자신은 그러고 싶은 마음이 전혀 없었다고 하면서 비열한 짓을 하게 되었다.

그래서 승기는 뻔뻔이를 때렸고 이때 승준이와 성이도 옆에서 거들었다.

다시는 그러지 않겠다고 한 뻔뻔이, 그러나 그날로 집에 가서 어머니와 학생부 선생님에게 '형들이 자신을 죽이려고 했다'고

일렀다. 그 어머니는 즉시 병원에 가서 2주 진단서를 발급받아 학교로 찾아왔다.(사실 2주 진단서는 경미한 진단서이라는 것을 누구나 잘 알고 있을 것이다.) 집단 폭행으로 고소하겠다고, 교육청에 민원을 제기하겠다고 말이다.

마치 짜여진 각본 안에서 기다렸다는 듯이, 아니 너무나 익숙하고 계획대로 진행되는 절차에 대하여 학교에 있는 사람들 모두가 혀를 찼다. 평소에 삔삔이는 수업시간이나 교우관계에 있어서도 많은 어려움이 있었던 아이였다. 그리고 1학년인데 전학을 세 번째 다닌다는 것이다.

그러나 어쨌든 집단 폭력인 것만은 사실이므로 학교에서는 승기와 성이와 승준이를 처벌하지 않을 수 없었다. 왜냐하면 그때가 한참 각종 언론에서 학교 폭력에 대하여 집중적으로 보도하던 때였기 때문이다.

따라서 선도위원회가 열렸다.

선도위원회에서는 객관적 사실을 근거로 하여 3명 모두 전학을 권고하되 만일 전학을 받아들이지 않는다면 무기한 사회봉사 명령을 내려 실질적으로는 학교생활을 하지 못하도록 하겠다는 매우 단호한 최고형을 결정하였다. 선도위원회에 가기 전에 아이들을 만났다. 승기는 1학년 말부터 마음을 잡고 학교에 열심히 다니려고 하였는데 이런 일이 생겨서 속상하다고, 자신이 때린 것은 잘못이지만 너무나 어처구니 없는 아이를 벌한 것이라고 매우 억울하다고 하였다. 그리고 그날 자신들끼리는 화해를 하고 서로가 사과도 하고 했는데, 이렇게 뒷북을 칠지 전혀 몰랐다고 하였다.

선도위원회가 끝난 뒤 아이들에게 결정사항을 통보하러 갔다.

그런데 이미 담임 선생님이 아이들에게 통보를 하였단다. 내가 찾아간 순간 승기는 무릎을 꿇고 담임 선생님에게 부탁하고 있었다.

"1학년 말에 마음을 고쳐먹고 정말로 열심히 살려고 했어요. 그리고 학교에서는 담배도 피우지 않고 친구들이나 후배들에게도 담배를 피우지 말도록 하기도 했구요. 정말 마음먹고 열심히 생활했어요. 그런데 제가 다른 학교로 전학가면 그쪽의 아이들이 저를 가만두지 않을 거예요. 아마도 분명 싸움이 일어날 것이고, 계속 저를 못살게 할 거예요. 선생님! 어떠한 것도 다 할 테니 전학가지 않도록 도와주세요. 제발."

승기는 매우 적극적으로 매달렸다. 요즘 승기가 마음잡게 도와준 가장 큰 동기는 인선이를 사귀면서인데 전학을 가면 인선이와 헤어진다고 생각되었기 때문에 더욱더 전학에 대하여 민감하게 반응하였다.

담임 선생님들과 함께 심각하게 논의하여 보았다.

공통된 의견은

'지금 상황에서는 승기나 성이, 승준이를 다른 학교로 전학을 보낸다는 것은 분명 비교육적이다. 이들은 분명 다른 학교로 가면 그곳에 있는 아이들과 마찰이 있을 것이고 그렇게 되면 이들은 학교에 대하여 적응이 힘들게 될 것이라고, 따라서 우리는 어떻게 해서든지 우리 학교에서 교육시켜 내보내야 한다고' 두분의 담임 선생님과 나는 충분한 의견을 교환한 후 과연 어떻게 이러한 교육적 소견을 관철시킬 것인가에 대하여 논의하기로 하였다.

그러나 일단 한 번 결정된 선도위원회의 결정에 대하여 어떻게 교육적 소신을 전달할 수 있을까가 문제였다. 그래서 일단 아이들에게 너희가 어떠한 것도 할 수 있는지에 대한 각오를 물어보았다. 즉 이곳에서 졸업하기 위해 어떤 노력도 기쁘게 하겠냐는 것이었다.

아이들은 어떠한 것도 할 수 있다고 하였다. 그래서 일단 담임 선생님들과 함께 일주일 동안의 프로그램을 기획하였다. 그리고 아이들에게 기회를 주자는 것이다.

즉 아이들은 분명히 학교생활을 충분히 잘 할 수 있는 능력이 있다. 이번의 사건을 계기로하여 아이들이 이 정도의 교육을 수행한다면 다시는 이와 같은 일이 반복되지 않을 것이며, 이들이 자신들의 학교생활을 위해 열심히 노력한 것이라고 보여질 수 있지 않을까?.

다시 말하자면 이들에게 자신들의 잘못을 회복하고 만회할 수 있는 기회를 제공하는 것이 훨씬 더 교육적이라는 것이다.

짜여진 프로그램을 가지고 아이들의 동의를 구했다. 그리고 나서 교장 선생님을 만나러 갔다. 교장 선생님에게 담임 선생님과 함께 찾아가서 우리의 논의되는 이야기를 하였다. 선도위원회의 결정을 번복하고자 하는 것은 결코 아니나, 선도위원회의 결정이 자칫 아이들의 교육에 도움이 되지 않는다면 수정할 수 있는 기회로써 이 의견을 검토해 달라는 것이다.

교장 선생님은 안 된다고 하였다. 그러나 담임 선생님들이 서약서를 쓰고 아이들의 교육에 대하여 책임지고 교육할 한 번의 기회를 달라고 요청하는 데에는 재간이 없었다.

"검토를 하지요. 그러나 이번 프로그램의 실시를 통해 그 녀석들을 용서한다는 뜻은 아니예요. 오히려 여러 학생들과 여러 선생님들이 그 아이들이 어느 정도로 학교생활에 적응할 수 있는 능력이 있는가를 살펴보는 것이니까요. 그리고 일주일 후에 다시 선도위원회를 개최할 것입니다."

일단 개가다.

사회에서 법원의 판결과도 같은 학교의 선도위원회를 교육적 소신과 프로그램을 통하여 이렇게 번복할 수 있다는 것만으로도 매우 이례적인 것이었다고 생각한다.

아이들은 매우 좋아하였다.

아이들을 지도하는 선생님의 역할 역시 분담하고 정리하였다.

아이들은 거의 지각을 자주하는 아이들이었다. 그들은 아침 7시 정각까지 학교에 나와서 선도참관을 하여야 한다. 그들은 선도참관을 통하여 교칙을 위반한 학생들과 선도부와의 서로 다른 역할을 객관적 위치에서 관찰을 하게 하였다.

또 청소를 하면서 자신의 의지와 노력을 시험하게 하였다. 아이들은 복도의 유리창 그리고 화장실, 그리고 계단의 심주 등 매우 어렵고 힘든 곳에서 교내봉사를 진행하였다.

3명이 따로따로 각각의 층에서 유리창을 청소하게 하였다. 복도층 유리창을 청소하는 가운데 아이들은 교실 안에서 수업을 하고 있는 광경을 지켜보게 되었다.

수업시간에 딴짓을 하는 아이들, 뒤에서 졸고 있는 아이들, 이 모든 것을 복도 유리창에 달려서 지켜보았던 것이다. 자신들은 매일 뒤에서 잠을 자면서도

"글쎄요 선생님, 어떻게 수업시간에 잘 수가 있지요? 자식들, 우리처럼 청소만 하다보면 열심히 공부할텐데 말이야… 선생님 공부하고 싶네요."

"야! 너희가 웬일이냐? 맨날 잠만 자던 아이들이."

"저희는 지금 새사람이 되고 있잖아요!"

아이들은 참으로 열심히 했다. 서로가 서로에게 5m 접근 금지 명령을 수행하려고 혼자서 따로따로 봉사활동을 하게 하였고 또한 청소도 매우 열심히 하였다.

이들은 또한 방과 후 자율학습을 하게 되었다.

즉 영어는 하루에 단어를 20개씩을 외우게 한 후 80점 이하가 되면 재시험을 치르고 80점 이상이 될 때까지 계속 공부하는 것이다.

그러나 시험을 치르면 처음에는 모두 80점을 받지 못했다. 그리고 재시험을 3번이나 본 후로는 정신을 차리고 공부를 하였다.(사실 이들에게 20개의 단어의 내용과 질은 그리 어려운 것이 아니었다. 중학교 1학년과 2학년 수준의 단어였다.)

게다가 매일매일 반성문 대신에 담임 선생님과의 교환일기를 쓰게 하였고 이러한 교환일기는 진심으로 정리하게 하였다.

아이들은 너무나 피곤한지 수업이 끝난 후 그냥 쓰러져 잠을 자버리고 만다.

이들은 사회봉사명령을 수행하기도 하였다. 이들은 처음에 성인 정신지체시설에서 사회봉사활동 하는 것을 매우 무서워하였다. 왜냐하면 외관상 성인들이 초등학생 1학년도 되지 않는 지적 능력으로 행동하는 것을 한 번도 보지 못했기 때문이다. 그러면서도 열심히 봉사하고 난 후 이들은 이렇게 말하였다.

"어떻게 이런 사람들이 있지요? 우리의 아버지 나이가 되는데 왜 나에게 형이라고 하지요? 이렇게 살아가는 사람들도 있나요? 이들은 왜 살아가는 것이지요? 나같으면 벌써 죽었을 거예요. 좀 이상해요. 이러한 세계도 있구나…."

아이들은 전혀 다른 세상을 경험하였다. 이러한 세상이 이들에게는 어떠한 의미였고 어떠한 도움이 되었는지는 잘 모르겠지만….

이들의 교환일기는 맞춤법도 다 틀린다.

그리고 감정을 표현하는 것도 어색하고 서툴다. 그런데 이렇게 그들의 마음의 모습들을 드러내는 것이 참으로 용하다. 그들은 서툴긴 하지만 진솔한 모습을 보였다. 또한 이들의 진솔한 모습 속에 담임 선생님들의 마음까지 담아내어 교환일기장은 교육적으로도 큰 의미를 발견할 수 있었다.

이들은 교환일기장을 꼭 써왔다. 설령 집에서 써오지 못하였더라도 학교의 쉬는 시간을 이용하여 어떻게 해서든지 다 써왔다.

이들이 화장실 청소를 할 때 너무도 깨끗이 해서 어떤 아이들은 이렇게 이야기를 하기도 하였다.

"선생님! 제가 요즘 변비에 걸렸어요. 세상에 화장실이 너무 깨끗해서 똥이 나오려다가도 도로 다시 들어가네요. 그러니 제가 변비에 걸리죠."

"우리학교가 이렇게 깨끗해지기는 처음입니다. 어떻게 이럴 수가 있을까요?"

"선생님. 저 아이들 너무나 고생이 많아요. 정말 너무 열심히 하고 있잖아요."

이러한 동정표들이 몰려오기 시작하였다.

아이들은 오히려 홍뻰뻰이의 진실을 알고 나서는 가해자인 이들에게 더욱더 많은 관심을 표하기 시작하였다.

드디어 일주일이 지나고, 다시 선도위원회가 열렸다.

이때에 대부분의 선생님들이 이들이 그동안 보여준 노력과 행동들에 대하여 있는 그대로를 보셨다. 그러면서 내린 결론은 다음과 같았다.

> '이들은 분명 집단폭력이라는 가장 나쁜 잘못을 저질렀었다. 이유야 어찌되었든지 간에 이들은 분명 교칙에 따라 처벌을 받아야 한다. 그러나 이들은 자신들의 잘못을 뉘우칠만한 능력과 태도를 몸으로 보여주었다. 이들은 같은 잘못을 저지르지 않고 학교 생활을 잘 할 수 있는 힘이 있음을 보여주었다. 그리고 담임 선생님과 상담실장의 교육적 소견으로 이들을 전학을 보내지 않고 본교에서 교육시키는 것이 보다 교육적 해법이라는 결론에 도달하여 전학을 권고한다는 1차 선도위원회의 결정은 취소하고 본교에서 교육할 수 있는 교육프로그램을 수행하도록 한다.'

이렇게 아이들이 전학을 가지 않게 되자 아이들과 친구들, 그리고 함께 하는 교사들 모두는 기뻤다. 아이들은 환호성을 질렀고 이들은 정말 기뻐하는 모습이었다.

이들은 고등학교를 무사히 잘 졸업하였고, 승준이는 졸업식날 얼마나 울었는지 모른다. 그 큰 덩치가 참 많이 울었다. 그리고 부둥켜 안고 참으로 기쁘게 울어보았다.

졸업 후 승기가 학교에 찾아왔다. 열심히 아르바이트를 하면서 살아간다고.

학교사회사업실은 전교 1등이 어느 대학에 들어갔는가보다는 꼴찌가 무엇을 하며 어떻게 살아가는가에 더욱더 많은 관심이 있다. 성공한 졸업생이 찾아오는 학교보단 성실한 주민이 되어 살아가는 졸업생이 학교에 찾아올 때, 그때 우리의 교육은 제 모습을 찾아가고 있을 것이다.

# 은아의 꿈

은아는 일단은 꿈이 많은 아이였다. 그 꿈이 현실적이든 그렇지 않든 간에 말이다. 예를 들어, 점심을 사먹을 돈이 없어도 학교에 지각을 하면 꼭 택시를 타고 오는 아이였다. 그러다가도 돈이 없으면 택시를 타고 오다가 내릴 때 돈을 내는 척하다가 뒤도 안 돌아보고 냅다 교실로 도망치는 아이였다.(이런 어처구니없는 상황에서 다행인지 불행인지는 몰라도 운전사 아저씨가 학교에 찾아오는 일은 없었다.)

자신이 스스로 설정한 품위를 위해서는 앞뒤를 가리지 않는 은아. 하고 싶은 일이 있으면, 갖고 싶은 것이 있다면 무조건 하고 가져야 하는 그런 아이였다.

그러나 은아는 학교에 잘 적응하지 못하였다. 학교에서 뿐만이 아니라 가정에서도 그다지 애착을 보이는 아이는 아니였다. 학교 안에서 교실의 창밖으로 바라본 세상은 은아에게는 화려한 환상의 곳이자 신천지였다.

그러다 보니 학교에 있다가도 무단으로 밖으로 나가는 일이 잦아지고 또한 친구들과 놀다가 학교에 늦게 오거나 안 오는 일이 잦아지고 있었다. 2학년 때에 와서는 특히 더 그러하였다.

이러한 은아에 대하여 이야기 할 때는 한미연 선생님이 꼭 떠오른다. 2학년 때 은아의 담임인 한미연 선생님은 이러한 은아에게 애착을 느끼며 학교생활을 도와주기 위해 헌신적으로 노력한 선생님이었다.

은아 가정의 어려움을 잘 알고 있었기 때문에 중식비도 지원해 주시고 또한 집에 데려가 음식을 먹이기도 하시고, 심지어는 아이의 눈높이를 맞추기 위하여 어떠한 노력도 마다하지 않을 정도로 노력을 하시기도 하였다.

한때 은아가 학교에 적응을 잘 하지 못하는 모습이 심하게 되자 한미연 선생님과 옆반 이강훈 선생님 반 아이 중에 은아와 비슷한 상황인 아이들 4명을 데리고 같이 학교생활 적응프로그램에 참여시키기도 하였다.

사실 담임들로서는 매우 어렵고도 중요한 결정이었다. 남들이 본다면

'오죽 담임이 못났으면 자신이 할 일을 남에게 떠넘길까? 자신의 아이를 어떻게 교육했길래….' 등등의 비난이 쏟아져 나오는 것이 학교에서는 무시 못할 풍토였기 때문이다.

또한 교장, 교감 이상의 관리자의 입장에서 보기에는 이렇게 의뢰하는 것이 담임의 능력을 평가하는 하나의 기회로 악용될 수 있다는 불이익을 감수한다는 것이 참 어렵고 힘든 일이었다.

이강훈 선생님과 한미연 선생님은 그러한 것을 중요하게 여기지 않고 아이에게 도움이 된다면 어떠한 것도 한다는 철학을 갖고 있을 정도의 교육자였던 것이다.(물론 이러한 과정중에 4명의 아이 중 2명은 학교생활이 너무나 좋아졌고 한 명은 교육적 환경을 바꾸어 주는 전학을 택하였으나, 은아에게는 근본적 문제해결이 되지 못

한 채 한두 달 정도의 상황만을 좋게 하는 일시적 처방의 효과만을 보였다.)

그러나 은아는 이러한 선생님들에게 어느덧 거짓말을 하지 말아야 할 유혹의 순간을 이겨내지 못하게 되었고, 이러한 은아의 상황적 거짓말은 담임 선생님을 지치게 하였다. 그러면서 서로가 서로에게 느끼고 기대하는 기대감과 애정의 크기만큼이나 서로에 대한 실망감과 애증은 커져만 갔다.

그러면서도 한미연 선생님은 은아의 장래에 대하여 어머니와 상담을 하려고 물어물어서 은아의 집에 가정방문을 하기도 하였다.

그러나 이미 은아의 화려하고픈 큰 꿈을 담기에는 가정과 학교, 지금 은아의 처지가 너무 왜소하였다. 은아는 끝내 학교를 나오지 않았고 그렇게 서로에게 아쉬움을 남긴 채 자퇴를 하게 되었다.

친구들의 졸업식날 은아가 드디어 학교에 모습을 나타냈다. 은아는 자신감이 없는 모습이면서 또한 힘들어하는 모습이었다. 졸업하는 아이들 속에서 자신은 졸업을 하지 못한 상황과 처지를 매우 비관한 모습이었다. 당당할 것처럼 졸업식장에 나타나더니 천하의 은아도 분위기 앞에서는 어쩔 수 없나보다. 가슴 아팠지만 멀리서 바라보아야만 했었다.

그러나 얼마 전에 우연히 종로 3가 지하철역 앞에서 은아를 만났다. 너무나 깔끔하고 멋진 모습으로, 그것도 매우 이른 시간이었는데 말이다.

나를 보자마자 은아는

"선생님! 저 떴어요!"

"떴다니? 무슨 말이야?"

"방송과 잡지에 제가 나왔어요."

은아 자신이 방송과 잡지에 나왔다는 것이다. 은아는 food stylist라는 직함을 가지고 있었는데, 방송을 할 때에 음식을 보기 좋게 만들어 놓으면 그 셋팅에서 촬영을 한다는 것이다.

은아는 너무나 자랑스럽게 이야기하였다. 어느 방송, 어느 잡지에 자신이 나왔나. 그러니까 싹 봐달라. 그리고 자기가 너무 뜨면 어떡하냐고 하면서 행복한 꿈을 또 꾸고 있었다.

일단 서로가 일이 있어서 연락처만을 나누고 헤어졌는데 역시 참 대견하였다. 어떠한 상황에서도 자신의 꿈을 지켜가는 은아의 모습이 참 보기좋았다.

얼마 후 은아에게 전화를 하였다. 토요일 오전 10시쯤. 그랬더니 자신의 일터란다.

그리고 자신은 아직도 꿈이 있으며 더욱더 유명해질 것이란다.

자신을 위해 참 많은 사랑을 쏟아주신 담임 선생님을 꼭 보고 싶다고 한다. 그래서 함께 시간을 내어서 만나기로 했다. 예전에는 참으로 힘겨웠던 사이의 만남.

학교에서 선생님과 학생의 관계로 만날 때 "교육"이라는 서로가 동의하기 어려운 커다란 모양을 만들어가기 위해 참 많이 힘들어했던 그때. 분명 돌이켜 생각하면 그때는 힘들긴 했어도 서로에게 분명 중요한 의미였다는 생각이 든다. 서로가 시간이 지나고 그때를 객관적으로 돌이켜 볼 준비가 되어있을 때, 우린 그때에 지난날의 이야기를 하면서 되돌아보는 시간이 필요한 것 같다. 그래야 서로가 서로에게 위로와 기쁨의 시간이 될 것이기 때문이다.

# 배가 불러 온 윤아

윤아는 고등학교 1학년 때부터 학교사회사업실에 자주 찾아왔던 아이다. 어머니와 아버지는 초등학교 5학년 때에 이혼을 하셨다. 어머니는 일본에 가셨고 아버지는 윤아와 동생을 데리고 함께 사셨다. 그러나 일일 고용직으로 출퇴근이 불규칙하여 항상 윤아가 동생이랑 함께 생활을 꾸리고 있었다. 윤아는 그래서 항상 지각하거나 일어나지 못하여 학교에 결석하는 경우도 많았다. 그래서 나는 담임 선생님과 함께 윤아를 학교에 데리고 오곤 하였다. 그러나 윤아는 학교사회사업실에 자주 왔고 속에 있는 깊은 말도 하였고, 자주

"선생님! 배고파요. 저 탕수육 사주세요. 정말 먹고 싶어요."

"배고프구나! 근데 탕수육은 너무 비싸다. 두 글자인 것 사줄게, 짜장, 우동, 짬뽕 중에 골라!"

"두 글자면 되지요? 그럼 탕슉 사주세요. 두 글자이잖아요."

이렇게 유머도 아는 아이였다.

고등학교 2, 3학년까지 잘 지냈는데 3학년 2학기 11월부터는 학교를 나오지 않았다. 담임 선생님도 연락이 안 된다고 하였고, 친구들도 찾아가 보았지만 집에서는 나왔다고 한다. 아이들로부

터 소식을 듣기는 했지만 담임 선생님으로부터 별다른 의뢰가 없고, 고등학교 3학년은 별도로 관리가 되기에 마음만 안타깝게 그냥 지내게 되었다. 그러던 1월의 어느날 윤아로부터 전화가 왔다.

"저! 선생님 시간이 있어요? 저 윤아예요!"

"윤아? 어떻게 된거야? 너 살아 있었니? 어디야?"

"아! 선생님 여전하시군요. 많이 알려고 하지 마시고, 일단 만나서 이야기해요."

그래서 만났다. 시간도 늦은 밤에, 장소도 학교와는 떨어진 경기도에서 만나게 되었다.

저녁 9시에 ○○은행 앞에서 만나기로 해서 기다리고 있었다.

'녀석! 어떻게 지냈을까? 잘 지냈을까? 도대체 어디에서 지냈지? 밥은 잘 먹고 있나? 밥도 못 먹어서 삐쩍 말랐으면 어떻하나? …. 등등

그때

"선생님!"

하고 살며시 낮은 목소리가 나서 뒤로 돌아보았다.

"윤아구……………… 나……!"

난 내 눈을 의심하였다. 예전의 윤아가 아니었다. 세상에! 밥을 못 먹어서 삐쩍 마른 것이 아니라 온몸이 부었다. 그리고 한눈에 보아도 윤아는 분명 홑몸이 아니었다. 어떻게 이럴 수가 있을까? 난 어떻게 된 것인지 막 물어보고도 싶고 어떻게 된 일인지 추궁하고 싶기도 하였지만 그것은 중요한 것이 아닐 것 같았다.

"선생님! 왜 그렇게 보세요? 그런 눈으로 보지 마세요. 근데요. 선생님 저 70만원 좀 빌려주실 수 있으세요?"

"미안하구나. 윤아가 걱정이 되어서 그래. 근데 돈은 뭐하게?"

"아시면서, 저 이렇게 하고 어떻게 살아요?"

"윤아야! 선생님은 널 도와주고 싶다. 그리고 윤아도 도움이 필요할 것 같은데… 선생님이 윤아를 도와줄 수 있도록 윤아가 선생님을 좀 도와줄래? 어떻게 된 일인지 말을 해 줄 수 있겠니?"

윤아는 잠시 고개를 떨구며 생각을 하다가 이내 이야기를 풀어놓았다.

윤아는 고1, 2학년 때까지 힘들게 살아오다가 기정이를 만났다. 기정이는 고등학교 2학년 2학기 때 자퇴를 하였고 역시 부모님이 이혼한 후 식당 서빙을 하시는 어머니와 단둘이 살고 있었다. 그러다가 기정이와 윤아가 만났고 이 둘은 환경과 상황이 너무나 비슷하여 금방 서로에게 의지가 되고 싶었단다. 그래서 윤아는 기정이네 집에 들어가 살게 되었고 이를 기정이의 어머니는 처음에는 노발대발하다가 이제는 어느 정도 이들의 관계를 인정하고 있었다. 기정이는 아르바이트를 하였고 윤아는 어머니가 없는 집을 정리하며 불안전한 행복을 느끼며 살아가고 있었다. 그러나 불안전한 상황 속에서의 행복은 그리 오래가지 못했다. 윤아는 점차 몸이 무거워졌지만 이를 숨기고 있었다. 워낙 왜소한 몸이었기 때문에 주변에서도 눈치를 채지 못하였다. 그러다가 어느덧 임신 6개월이 넘어가고 있었다. 기정이 어머님은 모르신다고 하였다. 몸이 불어온 후로 거의 만난 적이 없었고 기정이는 아무 말도 하지 않는다고 하였다. 그래서 자꾸 몸이 불어서 이젠 수술하려고 나에게 돈을 꾸려고 하였다는 것이다. 나는 일단 병원을 가보았는지 물어보았다. 한 번도 병원을 가보지 않았다고 하였다. 몸이 힘들텐데 무엇을 먹고 있느냐고 물었더니 라면으로 그냥 때운다고 하였다. 세상에나….

나는 일단 윤아에게 지금이 얼마나 중요한 시기이고 가장 중요한 것은 윤아의 건강이며 또한 새로운 생명의 안전이라고 말하였다. 또한 윤아를 도와줄 수 있는 사람과 도와줄 필요가 있는 것을 설명해 주었다. 그리고 기정이도 예비 아버지로서 준비를 해야 하니까 기정이를 만나고 또한 함께 병원도 가자고 하였다. 이 말을 다 듣고 난 후 윤아는 조금은 두려웠나보다. 얼굴에 긴장한 모습이 역력하였다. 윤아를 최선을 다해 도와줄 것이라고 말하면서 잠시 있으라고 하였다. 그리고 정육점에 가서 소고기와 미역을 샀다. 그리고 윤아네 집에 가자고 하였다. 기정이도 만나서 함께 상의하자고 하였다. 그래서 그날 기정이네 집으로 갔다. 기정이네 집에 가보니 온통 담배흔적과 위생이 너무나 엉망이었다. 기정이는 아직 들어오지 않았고 집은 엉망이어서 일단 윤아와 집을 치우고 밥을 하고 미역국과 불고기를 하였다. 조금 있다가 기정이가 들어와서 함께 이야기를 나누었다. 나는 기정이와 윤아가 함께 있는 상황 속에서 우선 축하와 앞으로 우리가 해결해야 할 것들에 대하여 이야기를 정리하였다.

"마음이 어떠니?"라고 묻자 윤아와 기정이는 모두 눈물을 흘리면서 두렵고, 후회한다고 하면서 어떻게 해야 할지에 대하여 모르겠다는 것이다. 일단 병원에 가는 것과 어머니에게 말씀을 드리는 것을 제안하였다. 어머니가 내일 오신다고 하여서 어머니에게 말할 수 있도록 하였다. 어머니에게 말씀을 드리고 나서 어머니를 만났다. 어머니와 기정이와 윤아는 병원에 갔다. 그리고 어머니는 윤아 어머니에게 어렵게 연락이 되어 어머니들끼리 만났다고 하였다. 윤아 어머니와 기정이 어머니는 만나서 이야기를 하였는데 서로가 너무나 비슷한 처지였다. 윤아 어머니와 기정이 어머니도 18, 19세에 윤아와 기정이를 낳았고 두 분 모두 이혼을 경험하였고 참 많은 한(恨)을 갖고 있는 것을 쏟아내면서 두 분이 그렇게 많이 울었다고 하였다. 두 분은 아이를 낳기로 하였다. 또한 이 아이들이 가정을 이룬다는 것은 너무나 힘든 일 이기에(자신들의 경험을 통하여) 일단 서로 떨어져 있다가 나중에 직장을 잡고 나중에 만나게 하자고 하였다. 그래서 윤아는 지방의 전문시설로 갔고 기정이와 어머니는 집을 이사하기로 하였다. 그 이후 윤아는 몇 차례 전화를 했다. '이 시설에서 지내는 것이 무척이나 따분하다고… 그 이후 아이를 낳았다고… 그리고 아이를 위해 잠을 3일 동안 데리고 잤는데 오늘이 마지막 밤이라고… 느낌이 정말 슬프다고… 그리고 오늘은 아이를 위해 편지를 썼는데 왜 이렇게 눈물이 많이 나오는지 모르겠다' 고 하면서 전화를 붙잡고 울었다.

그 이후 한동안 연락이 없었다. 윤아의 졸업장은 그대로 학교에 보관되어 있다. 기정이도 어떻게 지내는지 잘 모르겠다. 그러나 윤아와 기정이는 적어도 그들의 어머니와 함께 인생을 나누면서 많은 것을 배울 수 있었다고 생각되었다. 어머니들도 그들의 인생처럼 그들의 자녀들이 살아가는 것을 협력하여 막고자 많이 노력하였다. 적어도 그들의 어머니들처럼 윤아와 기정이가 살지 않도록 하는 것이 그들 어머니들의 간절한 바람이겠다. 윤아야! 기정아! 너희들은 정말 행복하게 살아야 한단다.

# 보호 감호소에서의 민경이와 순이

민경이와 순이는 에너지가 넘쳐 흐르는 아이들이다. 그들은 노는 것을 너무 좋아한다. 사실 학교사회사업가로서 가출의 문제로 세 차례나 개입이 이루어진 몇 안 되는 아이들 중의 하나이다. 민경이는 어머니와 단 둘이 살고 있고 순이는 아버지와 새어머니와 함께 살고 있다. 이 녀석들은 정말 노는 것을 좋아한다. 그러다가 그만 가출을 하였다. 처음 가출은 어머니가 가출신고를 해서 파출소에서 잡혀서 왔다. 머리가 잘리워져도 민경이와 순이는 또다시 집을 나갔다. 담임 선생님은 두 번째 집을 나갔을 때에 이들을 의뢰하였다. 이들 중 민경이의 어머니는 혼자 산다는 것이 너무나 힘들지만 그래도 '혼자 사는 여자의 딸년' 이라는 말을 듣게 하고 싶지 않아서 억척스럽게 노력하고 있었다. 민경이 어머니는 아이들이 아르바이트하는 호프집을 알아내어 이들을 데리고 나오는 등 민경이를 위한 많은 고생과 노력을 하게 되었다. 아이들이 잡혀서 들어온 날 학교에서 이들의 징계에 대하여 논의가 있었다. 그런데 이들은 처벌을 기다리고 있던 중에, 붙잡혀 온 지 단 하루 만에 다시 집을 나가게 되었다. 난 학교사회사업가로서 이들을 만나게 되었으나 초기 면접만 하였을 뿐이었다. 그때에도 이녀석들의 눈은 놀고싶어서 어쩔 줄 모르는 빛이 역력하였다. 이번에는 아이들도 준비를 많이 하였나보다. 현금도 양쪽 집에서 50만원씩 제법 많이 준비하였고, 옷가지며 나름대로 큰 가방에 한가득 준비를 하고 나갔다. 너무 화가 난 나머지 민경이 어머니는 경찰서에 실종신고를 해 놓았다. 이 녀석들은 길거리에서 배회를 하다가 차를 타고 다니던 20대 청년들과 함께 동승하여 강원도 속초로 놀러가다가 검문소에서 잡혀오게 되었다. 공식적으로는 세 번째였다. 이들은 잡혀와서도 계속 그 남자들과 함께 계속하였을 여행에 대하여 생각을 하게 되었다. 학교에서는 이들에게 학교수업에 참여하지 않을 것과 함께 특별교육 6일을 명령하였다. 이들에게 있어서의 특별교육은 거의 민경이 어머니가 학교에 대하여 헌신적인 매달림의 결과라고 보아도 과언이 아니었다. 민경이 어머니는 눈물로 호소하면서 이들의 졸업을 위해 처절하게 매달렸었다. 그러나 이 녀석들은 그것을 아는지 모르는지…. 이들은 6일 동안 열심히 교육에 참여하였다. 교육은 개별상담, 가출장소 가보기, 역할극, 등등 그리고 자신들의 집에 가서 어머니 아버지에게 영상편지 담기, 담임 선생님께 드리는 6개월 후의 영상 편지, 자신에게 보내는 메시지 등 매우 진지하고 의미 있는 것으로 6일 동안 알차게 진행되었다. 적어도 이들에게는 자신을 돌아볼 수 있었던 시간이었으며 부모님들에 대하여도 많은 생각과 애정을 확인할 수 있도록 만든 시간이었다. 담임 선생님과도 프로그램 종결 평가를 마치고 나서 그 다음날부터 학급으로 돌아가게 되었다.

그러나 바로 그날 또 다시 이들은 집을 나갔다.

마치 그들을 믿어준 나, 담임 선생님, 부모님을 모두 비웃듯이 말이다. 우리 모두는 망연자실하였다. 나는 나대로, 담임 선생님은 담임 선생님대로 민경이 어머니는 어머니대로 모두 서로에게 미안해 하고 있었으며 각자도 느낀 바가 모두 달랐으리라….

어머니도 더 이상 이젠 신고할 거리가 없었는데 그리고 나서 일주일 후 소년 분류심사원에서 전화가 왔다. 이들이 절도 행위를 하다 현장에서 검거되어 이곳에 오게 되었으니 신분확인을 위해 집으로 전화가 온 것이다. 민경이 어머니는 그곳에 다녀오신 후 다시 학교로 찾아오셨다. 담임 선생님에게 말을 하고 담임 선생님은 나에게 상의하셨다. 어느덧 우리는 공동 운명체가 되어 있었던 것이다. 우리는 일단 역할을 나누었다. 어머님은 다시 학교 교감 선생님께 울며불며 마지막이라고 애원하셨고, 학교에서는 강경한 방침을 표하였으나 어머님이 워낙 전적으로 매달린지라 학교에서도 담임교사와 나에게 한 번 가서 민경이와 순이를 보고 판단하자고 하였다. 그래서 담임 선생님과 나와 민경이 어머니는 ○○ 소년감호소로 찾아갔고 그곳에서 면회신청을 한 후 기다렸다. 잠시 후, 5번 부스에 가서 10분 동안 면회를 하라고 하였다. 민경이와 순이가 나왔는데 민경이는 내가, 순이는 담임 선생님이 바로 옆 부스에서 만나게 되었다. 민경이와 순이는 교복을 입은 모습이 아니라 감호복을 입고 있었고 그들은 학교에서 교실에서 보았던 모습이 아니었다. 그 모습을 보는 순간 어찌나 슬프고 눈물이 나오든지….

"민경아!"

"순이야!"

나는 더이상 말을 잇지 못했다. 그들은 고개를 숙인 채

"선생님! 흐흑!"

하면서 눈물을 흘리기 시작했다. 바로 그때

"엉엉…."

하며 대성통곡의 소리가 들려왔다. 담임 선생님이었다.

순이를 보자마자 마음이 찢어지며 미처 이 상황에 이르기까지 아무런 도움이 되지 못하였다고 후회를 한 것인지, 아니면 이들의 옛모습을 더 이상 볼 수 없다고 절망이 느껴져서인지 선생님은 너무나 서럽게 그리고 슬프게 울었다.

"선생님! 저희가 잘못했어요."

투명한 아크릴 판을 사이로 한 채 담임 선생님은 대성통곡을 하시고 아이들은 선생님께로 가지도 못하고 아크릴판에 손만 댄 채로 서로 너무나 슬프게 울고 있었다.

무어라 표현할 수 없는 감정이 들었다. 아무런 말도 할 수도 없었다. 그냥 눈물이 나왔으며 이들의 모습을 보니 아무 것도 할 수 없는 나의 무능함과 이들을 막지 못했다는 죄책감만이 눈물이 되어 흘러나왔다.

어느덧 10분이 지나갔다. 서럽게 울다가

"선생님! 이제 얼마 남지 않았어요. 좀 있으면 이 아이들 다시 들어가요. 진정하시고 아이들에게 한 마디 해 주셔야죠?"

그래도 나는 담임 선생님과는 입장이 조금 달라서 담임 선생님께 말했다.

선생님은 눈물을 닦지도 않고서

"애들아! 힘들지? 너무 미안하구나! 먹기는 잘 먹니? 흐흑."

담임 선생님은 아이들의 눈을 보자 다시 서럽게 울기 시작하였다. 마치 이들을 낳은 부모와 같았다. 더 이상 진행이 되지 않았다. 그래서,

"민경아! 선생님들이 많이 슬퍼서 그렇단다. 너무나 슬퍼서… 일단 너희들 학교에 다시 오고 싶니?"
라고 물었다. 순이는
"모르겠어요. 흐흑… 아버지가 시골로 보내버린대요."
민경이는
"선생님, 저 학교에 꼭 갈래요. 도와주세요. 제가 잘못했어요. 저, 학교에 나닐 수 있도록 도와주세요. 흐흑"
이들은 시간이 되어 들어갔다. 울면서 울면서… 고개는 우리를 돌아본 채로 둘이 서로 부둥켜 안고서 들어갔다.
우리는 면회장소에서 나왔다. 담임 선생님의 통곡한 얼굴을 보면서 민경이 어머니는 다시 울기 시작하였고 담임 선생님과 민경이 어머님이 서로 부둥켜 안고서 울었다. 민경이 어머니의 절박한 서러움에 대한 담임 선생님의 무언의 위로라고나 할까?
학교로 돌아와서 아이들의 부모님을 만나뵈었다. 순이 아버지는 아이를 시골로 보내고 자신도 이사가시겠다고 하였다. 그래서 순이는 전학을 가겠다고 하였고 민경이는 이 학교에서 꼭 졸업하게 도와달라고 하였다. 그래서 담임 선생님과 나는 어떻게 해서든지 민경이만큼은 꼭 우리가 졸업을 잘 시키자고 하였다. 그래서 교감, 교장 선생님께 말씀드리면서 민경이를 위한 특별한 배려를 부탁하였고, 이는 민경이 만이 아닌 민경이 어머니를 위해서라도 학교가 도와줄 수 있는 것을 도와주자고 하였다. 민경이 어머니는 식당을 그만두고 아예 학교에 매일 출근하였다. 이러한 민경이 어머니와 담임 선생님 그리고 학교사회사업가의 협력으로 인하여 민경이는 다시 학교로 돌아왔다. 민경이는 큰 경험을 통해 많은 것을 배웠다.

민경이는 학교에 다시 돌아와서 3일간의 특별한 교육을 학교 사회사업실에서 받았다. 또한 어머니와 함께 사회봉사명령을 6일 동안 받았다. 그것은 어머니의 헌신적인 도움으로 인하여 무사히 마칠 수 있었고 또한 6개월 뒤에는 민경이와 어머니, 담임 선생님, 교감 선생님이 함께 모여 민경이가 6개월 전에 작성하였던 '영상편지'를 함께 보고 난 후 학교생활에 대한 이야기를 나누었다.

민경이는 무사히 졸업을 잘 했다. 그리고 민경이는 어느 사설 경호단체에 여성 경호원이 되어 첫 월급을 타고난 후 어머니와 함께 찾아와 담임 선생님, 그리고 나에게 양말과 내의를 선물하였다.

경호복장을 하고 찾아온 민경이, 그 모습을 보며 예전 감호복을 입고 만났을 때와는 전혀 다른 기쁨의 눈물을 닦으며 담임 선생님과 나는 민경이를 바라보고 있었다.

# 사랑하는 아이들아! 너희가 보고 싶다

아이들이 보고 싶다. 그러나 아이들이 잊혀진다. 더 이상 미루다가는 아이들을 나의 기억속에서 영영 잊어버릴 것 같다. 잊어버린다는 것은 잃어버림의 시초이겠지.

그래서 아이들을 불러본다.

생각나는 것은 나를 닮았던 경아, 경아와 함께 잘 지냈던 세진이 그리고 지혜, 정욱이 이들은 각각 반장과 부반장으로 학급을 이끌다가 항상 어렵고 힘들 때마다 나를 찾아오곤 하였다.

또한 이들은 나의 생일도 축하해 주고 쉬는 시간마다 5층에서 1층으로 항상 내려왔다. 이들은 처음으로 한겨레신문에 학교사회사업실을 취재할 때에도 기자들에게 인터뷰를 하며 이를 계기로 각종 TV에 취재가 올 때에도 항상 학교사회사업실의 모델이었다.

지금도 이 아이들의 모습이 화면이나 TV 녹화 뉴스에 남아 있다.

다소곳하게 나를 좋아하였던 혜연이, 혜연이는 나를 좋아하였지만 내색을 잘 하지 않았다. 스승의 날 때 직접 만들어 보낸 커다란 상자 안에 초콜릿이 들어 있고, 그 안에 작은 상자를 만들어 LOVE의 글씨를 나타낸 선물, 그 정성이 너무나 보기 좋아 2년이 넘게 전시를 하였다.

그리고 금줄의 주인공인 장미, 진화, 미선이, 선주

또한 이들이 취업을 준비할 때에는 거의 밤 늦게까지 면접연습을 하곤 하였다.

이들은 또한 신입생 오리엔테이션에 선배 도우미로 참여하면서 학교를 위해서 후배를 위해서 매우 열심히 하였다.

또한 충일이를 비롯한 지각대장들, 또한 미선이, 연화, 은진,

그 다음 학년에는 영실이, 미연이, 미경이, 소영이 이 녀석들은 학교를 위해 많은 노력을 하였다. 영실이는 학생 회장으로 선출이 되면서 더욱더 가까워졌다.

선영이, 지은이 등도 보고 싶다.

집을 자주 나갔던 선영이, 선영이 어머니와 많은 이야기를 나누었었지….

지은이와 함께 병원에 갔었지….

연정, 연이, 경민이, 정윤이, 애순이, 경미,

한가람으로는 바우, 종황, 철재, 은아, 은경이, 은선이, 동준이, 진우, 성준, 재혁, 승엽, 등등 매우 보고 싶다.

하나 하나가 소중한 이름들이다.

# 봉사활동을 하러 갔는데…

수기와 현희 그리고 예은, 가은이는 모두 친구이다.

그들은 강철 선생님과 김연주 선생님의 반에 각각 2명씩 속해 있다.

녀석들은 처음부터 실업계 고등학교에 진학하고 싶었지만 어머니와 가족들이 인문계 고등학교를 고집하는 바람에 어쩔 수 없이 H고에 오게 되었다.

처음부터 공부하려고 하는 마음이 없었기에 빡빡한 인문계 고등학교의 학교생활은 그들에게는 커다란 짐이었다. 그러다 보니 수업시간 도중에 늦게 들어가거나 아니면 혼날 것이 두려우면 그냥 집에 가거나 친구들과 놀기가 일쑤였다.

이들의 담임 선생님들은 교직생활에 첫발을 들여놓으신 데다가 착하고 성실한 총각 선생님들이어서 어떻게 해서라도 그들을 올바로 교육시켜 보기 위해 참 많은 애를 쓰셨다.

그들을 달래도 보고, 윽박질러도 보고, 먹을 것으로 회유도 해 보았지만, 수기와 현희 그리고 예은, 가은이는 전혀 듣지를 않았다. 오히려 이들은 넷이서 가출을 하기까지 하였다.

그래서 기존의 방법과는 다른 교육이 이들에게 필요하다고 판

단되어 담임 선생님들은 학교사회사업실에 오셔서 상의를 하셨고 거기서 내린 결론은

'현재 이 아이들에게 중요한 것은 학교생활에 적응을 할 수 있도록 도와주는 개별적인 교육이 필요하다. 이들에게 개별적이고 계획적인 교육의 기회를 학교에서 제공하여야 한다' 라는 것이었다.

그래서 담임 선생님들은 부모님들의 동의를 얻고 학교사회사업실에서는 학교장의 결재를 받아서 이들을 위한 학교적응프로그램을 하기로 하였다.

아이들에게 담임 선생님들이 이야기를 전달하셨다.

"너희들은 학교 적응 프로그램을 일 주일간 하기로 하였다. 이 프로그램이 진행되는 동안 학교 교실이 아닌 학교사회사업실에서 별도의 시간표로 교육이 이루어질거다. 그러니 친구들과 떨어져 있다고 너무 서운해 하지 말도록…."

그랬더니 아이들은 서운해 하기는 커녕 너무나 좋아하고 박수치고 난리가 났단다.

그 이유를 물어보니

"수업에 들어가지 않아도 되잖아요. 그리고 숙제도 없잖아요."

등등이 이유였다.

그들의 프로그램은 학교 수업시간과 똑같이 운영하면서 50분 수업에 10분간 휴식 등으로 단지 그 교육내용은 그들의 현실에 맞는 심리 사회적인 프로그램으로 구성하였다.

프로그램의 내용에는 심리상담, 개별상담, 집단상담 등등의 프로그램이 있고 또한 함께 하는 자원봉사활동 프로그램이 있었다.

본 프로그램 기간중에 아이들은 매우 잘 수행하였고 성실함도

보였다.

내가 보기에는 매우 착하고 놀기 좋아하는 밝은 말썽꾸러기들일 뿐이나, 이들 말썽꾸러기들을 받아들일 학교의 기준은 너무나 높고 완고하기만 하였다.

그러나 어려움을 갖고 있는 아이들에게 개별화된 교육의 기회를 제공하는 것은 학교가 해야 할 중요하고 당연한 기능이자 역할이다.

어쨌든 이 아이들과 성인 정신지체 장애시설에 갔을 때, 아이들은 처음에는 무서워하였지만 그래도 빨래나 청소, 설거지 등을 매우 열심히 하였다. 그들은 매일매일 이렇게 남을 도와주면서 살았으면 좋겠다고 하였다. 그러나 문제가 발생되었던 것은 바로 장애인들을 도와주러 가는 가정방문 봉사활동에서였다.

이들 넷은 함께 시각장애인 할머니네 집에 가정방문을 가서 그 집을 청소해 주고 할머니와 말벗이 되어주기도 하였다. 아이들은 할머니와 함께 재미있는 이야기를 나누고, 할머니를 위해 밥을 짓고, 시장에서 찬거리를 사와서 반찬도 조리하여 함께 점심을 먹고, 설거지도 하고, 할머니가 드실 반찬도 준비해 놓고 왔다고 하면서 기쁘고 자랑스럽게 이야기하였다.

장애인 복지관의 담당사회복지사도

"할머니가 너무나 좋아하셔요. 그 학생들이 얼마나 친절하고 밝고 잘해 주었는지 모른다고 일부러 전화까지 주셔서 꼭 고맙다고 전해달라고 해요. 좋은 아이들을 보내주셔서 감사합니다. 아이들이 참 성실한 것 같아요."라고 하면서 아이들의 순수한 마음을 칭찬하였다.

학교에서 선생님들과 부모님들 모두가 얼마나 기뻤는지 모른다. 마치 이 아이들이 새사람이 된 듯한 느낌이었고 우리의 교육활동은 큰 성공을 거둔 것 같았다.

무사히 프로그램을 마치고 나서의 일이다. 한 이틀이 지나고 가은이가 찾아왔다. 그것도 매우 흥분하면서….

“선생님 도저히 가만히 있을 수가 없어요. 어쩌면 인간으로서 저렇게 할 수 있는지.”

“그게 무슨 말이야! 일단 침착하게 이야기를 해봐!”

흥분한 가은이를 진정시키면서 들은 이야기는 너무나 큰 충격이었다.

아이들이 두 명씩 일을 나누어 할머니의 집에서 봉사를 하고 있는데 두 명이 음식을 하다가 수상한 행동을 하더라는 것이다. 그래서 가은이가 주의 깊게 보았는데 이 아이들이 할머니의 지갑에서 돈을 훔쳤다는 것이다. 약 10만원을 훔쳐서 아무도 몰래 이들이 사용하였고 이를 수상히 여긴 가은이와 수기는 그 아이들에게 말을 해 보았지만 이미 써버린 것을 어떻게 하겠냐고 하면서 뉘우치는 기색이 없었다고 하였다.

그래서 가은이는 이들이 옷을 사고, 먹고 마시고 놀면서 아무런 뉘우침 없이 살아가는 모습을 보면서 참다 못해 선생님에게 이야기를 한다고 하면서 이야기를 털어놓았다.

이 이야기를 듣는 순간 나는 눈앞이 캄캄해졌다.

‘아니 세상에 이럴 수가!

학생들은 순수해서 절대적으로 믿어주며 진솔하게 대한다면 그들도 정직하고 진솔하게 나를 대한다는 나의 신념은 여기서 무너지는가?

강아지도 자신에게 먹을 것을 주는 사람의 손은 물지 않는 법인데, 자신들을 위해 열심히 노력해 준 나와 담임 선생님, 그리고 사회복지사들, 아니 무엇보다도 잘해주셨던 장애 할머니에게 어쩌면 그럴 수 있다는 말인가?

사람은 나쁜 사람과 좋은 사람이 있다는 말인가? 그렇지 않은 것 같은데….

일단 너무도 분하고 답답한 감정을 진정시킨 뒤 학생들을 불렀다.

"너희들 선생님한테 할 말 없니?"

"네? 무슨 말이요?"

"정말로 할말이 없니?"

"정말로 없어요."라고 이야기하면서 아이들은 이미 고개를 돌려버리고 초롱초롱하던 눈의 표정은 어느덧 경계의 눈초리가 되어버렸다. 순간 이 상황을 어떻게 하는 것이 가장 좋을 것인가에 대하여 짧은 시간 여러 가지 생각이 드나들었다.

"그러니? 그렇다면 어쩔 수 없구나. 나는 너희들이 직접 말해주기를 바랬는데… 너희들이 나에게는 말해줄 것으로 생각했는데… 그러지 못해서 너무나 서운하구나. 그럼 내가 이야기할까? 내가 뭔가를 알아서 이야기하는 것과 너희들이 스스로 이야기하는 것과는 엄청난 차이가 있다는 것을 너희도 알지?"

아이들은 자기네들끼리 망설이고 있다가 결국 입을 연다.

"저, 선생님 어떻게 아셨어요? 담임 선생님도 아세요?"

내원 참! '잘못했어요!' 라고 해도 시원치 않을 판에 내가 '어떻게 알았는지' 그리고 담임 선생님이 아는 것이 뭐이 그리 중요하다고….

"아직 아무도 모른다. 어떻게 된 것인지 사실대로 이야기를 해

주었으면 한다."

"실은요."라고 하면서 털어놓는 이야기는 이렇다.

할머니를 만나면서 너무나 좋았다고 한다. 그리고 음식도 나누고 하면서, 청소를 하면서도 자신이 하고 있는 일에 대한 보람도 느꼈다고 한다.

그러던 중 할머니가 전화비 영수증을 지갑에 넣어달라는 부탁을 하셔서 그냥 무심코 지갑을 열어본 순간 거기에 돈이 있었고 할머니가 시각장애인이라 가져가도 모를 것이라는 생각에 순간적으로 돈을 훔쳤다고 하였다. 그리고 일단 돈을 다 써버렸다고 하였다.

아이들이 사실대로 털어놓았기 때문에 그 순간에 무엇을 잘하고 무엇을 잘못했는지에 대하여 훈계를 하지는 않았다. 다만 그들이 어떤 행동을 했는가에 대하여 이야기를 하였다.

'그 할머니에게서의 10만원이라는 돈이 얼마나 중요하고 얼마나 큰 돈인지, 그리고 너희가 할머니에게 빼앗은 것은 10만원의 돈만이 아니라 할머니가 가지고 있는 것 중에서 가장 소중한 것인 사람에 대한 마지막 신뢰였다는 것을…이러한 우리의 행동이 할머니에게는 마음의 눈마저도 멀게 만들 수 있다는 것을…'

일단 어떻게 하는 것이 가장 훌륭한 해결책인가에 대하여 서로 힘을 합쳐 논의하였다.

여러가지 논의를 한 끝에 담임 선생님들과 부모님들이 아셔야 한다는 데에는 아주 어렵게 합의를 이루어내었다.

그래서 담임 선생님들과 함께 논의하면서 모두가 동의한 해법은 그 할머니에게 가서 사죄하는 것이었다. 그리고 그 돈을 다시 돌려드리자는 것이다. 그러나 어떠한 방법으로 어떻게 하자는 이야기는 어느 누구도 그 해결책이 없었다.

아이들은 자신의 행동에 대하여 뒤늦게 자각하고 있는 것 같았다.

나는 복지관에 전화를 하여 담담 사회복지사에게 이 상황을 상의하였다. 혹시 할머니에게 전화가 오지는 않았는지 또한 할머니가 그 사실을 알고 계신지 등등에 대하여. 사회복지사 선생님은 일단 할머니가 어떻게 생각하시는지에 대하여 알아보시겠다고 하였다.

얼마 있다가 사회복지사 선생님으로 하여금 전화가 왔다. 할머니께서는 그 사실에 대하여 알고 계시면서도 학생들을 의심하지 말아야지 하면서 계속 돈을 찾고 계셨다는 이야기이다.

이야기를 전해 듣고 우리는 모두 우리가 어떤 짓을 저질렀으며 이러한 행동이 할머니를 얼마나 가슴 아프게 만들었는가에 대하여 알 수 있었다. 그래서 부모님들을 담임 선생님이 학교로 오시라 하였고 부모님들에게는 담임 선생님이 그리고 나는 학생들을 면담하였다. 모두 복지관에 가서 함께 담당 사회복지사와 함께 그 할머니 댁에 찾아가서 할머니에게 사과하기로 하였다.

부모님들은 너무 미안해서 쌀이라도 사서 가야 한다고 하시면서 쌀을 사가지고 함께 할머니집에 들어갔다. 가은이와 수기가 오히려 더 미안해 하였고 나머지 둘은 너무 미안한지 얼굴이 매우 굳어 있었다.

그 분위기와 상황이 매우 어색하여 예은이 어머니가 일단 먼저 말문을 열었다.

"할머니, 좀더 제가 관리를 잘 했더라면 이런 일이 없었을 것을 먼저 죄송하다는 말씀을 드리고 싶습니다. 할머니 일단 우리 아이들이 할머님께 드릴 말씀이 있다고 하니까 말씀을 들어주셨으면 해요. 얘들아, 너희가 드릴 말씀을 드려보아라."

"죄송해요. 저희가 잘못했어요. 용서해 주세요."

"잘못했어요. 다시는 안 그럴게요."

자신의 잘못에 대하여 강한 저항만을 하였던 아이들의 독한 눈초리가 순간적으로 무너지면서 자신의 잘못에 대하여 진정 뉘우치는 그런 순간이었다.

아이들은 할머니 손을 붙잡고 이내 곧 할머니 품에 안기었다. 할머니는 아이들의 어머니보다도 더욱더 많이 마음이 좋지 않은가 보다. 할머님도 계속 우시면서 아무 말씀도 하지 않으셨다.

한참이 지났을까? 이내 곧

"괜찮아! 다음에 그러지 않으면 돼."라고 손을 놓으실 때에야 비로소 한마디 하셨다. 거듭되는 사과의 말 속에서 아마 할머니는 이 아이들이 더 걱정이신가보다.

서로 헤어지는 순간에 아이들은 가져간 할머니의 돈을 되돌려 주고 할머니의 따뜻한 사랑을 담아가는 듯 하였다.

앞으로 지속적으로 할머님에게 보답하고자 자원봉사라도 하겠다고 부모님들이 이야기를 하였고 아이들도 이야기하였지만 할머니는 끝내 거부하셨다.

"아이들도 마음이 편하지 않을 것이고, 나도 아이들을 의심할까 겁이 난다."고 하시면서 아이들은 자신을 잊어야 새 출발을 할 것이라고 하셨다.

지혜로우신 할머님의 판단에 따라 서로에게 있어서 마지막이 될 인사를 나누고 서로가 서로에 대한 생각들을 하면서 헤어졌다.

가은이는 지금까지 학교를 잘 다니고 있으며 수기는 부산으로 가족이 이사를 하여서 전학을 갔고 예은이와 현희는 다른 학교에 가서 다시 생활하고 싶다고 전학을 갔다.

그 이후로 이와 비슷한 경우가 생기지 않도록 복지관의 사회복지담당자들과 나는 매우 다양한 신경을 써야 했다.

이것은 아이들을 의심해서가 아니라 아이들에게 제2, 3의 예은이와 현희가 나오지 않도록 그 상황을 미리 예방하기 위함이다.

그러나 무엇보다도 더 이상 그 할머니와 같은 분들에게 바깥세상과의 단절을 가져올 수도 있는 엄청난 사건이 실무자들의 부주의로 인하여 발생되어서는 안 된다는 생각이 포함되어 있었다. 그 아이들에게는 그때 그 사건이 어떤 의미로 남아 있을까? 먼 훗날 그때의 이야기를 함께 하면서 서로 웃는 날이 오기를 바란다.

# 은방울 세 자매 이야기

은강이와 은수 그리고 은진이는 고등학교 1학년 때부터 3학년 때까지 학교사회사업실을 자주 찾아왔던 우리의 식구들이었다.

모두 이름의 가운데에 '은' 자가 들어가기 때문에 이들을 은방울 세 자매 혹은 '쓰리 은'으로 불렀다.

특히 은강이는 1학년 때부터 매우 잘 알고 지냈던 아이였다. 왜냐면 친구들이

'은강이가 가출하려고 해요. 도와주세요.' 라고 하면서 도움을 청해 왔었고, 나는 그 친구들과 함께 전략(?)을 잘 짜서 가출을 막을 수 있었는데, 오히려 그때부터 은강이와 매우 친해질 수 있었기 때문이었다.

또한 은수는 새어머니와의 갈등의 문제로 1학년 때부터 자주 찾아와 상담을 한 아이이고 은진이도 아버지와 어머니가 이혼하여 무능력한 아버지와 함께 살고 있는 아이였다.

이들은 따로 놀다가 3학년에 와서 매우 친하게 지내게 되었다. 이들이 서로 친하게 되니 서로가 함께 보내는 시간이 많아서 3학년 때에는 학교사회사업실에 자주 오지 않았다.

그러나 이들이 보이지 않기 시작하면서 이들의 문제가 나타나

기 시작하였다.

은진이는 마음이 많이 아픈 아이였다. 또한 아버지, 어머니가 함께 지내지 않기 때문에 오는 생활상의 여러 가지 어려움으로 학교 결석이 매우 많았다. 따라서 단순한 상담만으로는 되지 않았다.

아버지는 일 주일에 한 번씩 집에 왔고 어머니는 전혀 소식이 없었다. 은진이는 동생과 함께 살아간다. 어린 은진이로서는 스스로 밥을 해먹기도 어려운데 동생의 밥을 해주어야 한다는 현실이 매우 큰 부담이었다. 따라서 은진이는 자주 밖으로 돌았고 동생도 역시 밖으로 돌아다니기 시작했다. 그러다 보니 이들은 밤과 낮의 생활이 바뀌게 되었고 노는 일에 빠져도 통제할 수 있는 사람이 전혀 없었다.

은진이와 은강이 은수가 함께 모였다. 이들은 고등학교 3학년 1학기가 다 끝나갈 때에 함께 가출을 하였다. 이들의 가출에 많이 놀라는 사람들도 많았지만 특히 학교사회사업실에 있는 우리 모두는 매우 안타까워하였다.

아이들을 찾고 있던 중, 학교로 전화가 한통 왔다. 여자 아이들 셋이서 자신의 가게에서 아르바이트를 한다고 왔는데 주민등록증도 보여주지 않고, 그리고 집을 나온 것 같은 행동을 한다고 하여 소지품을 뒤져보아 학교를 알아 전화를 한다고.(세상에 이런 어른들도 있으니 사회는 희망적이다.)

전화를 받은 담임 이준희 선생님과 학생부장은 이들이 있는 영등포 어느 카페로 갔다.

그곳에 있는 아이들의 모습은 예전 학교에서의 성실하고 착하고 예쁜 그런 여고생의 이미지는 아니었단다. 두 분 선생님들이

이들을 학교로 데려왔다.

주로 학교사회사업실에 자주 오던 아이들이라서 나도 많이 걱정되어 이들이 있는 국민정신 교육관에 갔는데 이 아이들은 전혀 딴 사람이었다. 또한 싸늘하게 변해버린 이들의 얼굴 표정에는 예전에 "선생님!"이라 하면서 친근하게 달려오던 그런 아이들의 모습은 아니었다.

어떻게 이런 모습이 아이들 안에 있었다니….

그들은 셋이서 자퇴를 하겠다고 하면서 어느 누구의 질문에도 대답을 하지 않았다.

모든 선생님들은

"누가 화를 내어야 하고, 말을 하고싶지 않을 심정인 사람이 누군데 세상에 자신들이 말을 하지 않느냐."고 하면서 이들의 학적을 정리할 것을 검토하였다.(여기서의 정리란 자퇴나 퇴학을 의미한다.)

그러나 그 당시 담임 선생님들은 졸업을 앞둔 상황에서 이들을 가혹하게 정리하는 것보다는 어떻게 해서라도 사람을 만들어 졸업을 시켜야 하는 것이 아니냐고 하면서 아이들과 개별적으로 이야기를 하면서 마음을 흔들어 놓았다.

우리 은방울 자매는 어느덧 학교를 졸업하고 싶다는 마음과 함께 자신들의 행동에 대한 두려움이 많았다. 선생님들 사이에서는 두 가지 의견이 분분하였다. 한 가지는 이들에게 엄하게 교칙을 적용해야 한다는 입장과 다른 한 가지는 고3에 와서 이들에게 다시 한 번의 관용을 베풀어야 한다는 것이다. 그래서 학교에서는 이들에게 특별한 관용을 베풀었다. 즉 이들에게는 어떠한 처벌보다는 자신의 행동에 대하여 깊이 생각하게 할 수 있도록 특별한 교육프로그램이 필요하니 학교사회사업실에서 이들을 위한 특별 프로그램을 기획 운영하도록 임무를 맡았다.

나는 여러 가지 논의를 한 후에 이들과 함께 하는 관찰교육의 프로그램을 만들었다.

나는 이들과 많은 일을 하였다. 이들과 사회봉사를 함께 가기도 하였고 또한 이들과 많은 이야기를 하였고 또한 다짐도 하였다.

얼마나 귀한 시간이었는지 모른다. 이들은 그 시간과 생활들을 수업시간보다도 더 귀하게 느끼게 되었다.

이들이 졸업하던 그날. 이들은 똑같이 그 자리에 없었다. 한 명은 더 이상 학교를 다닐 수 없게 되었고 나머지 두 명은 졸업식날 나타나지 않았다. 이들은 졸업이란 기쁨보다는 졸업식의 주인공이라는 생각이 들지 않아서 나타나지 않았는가보다. 첫 졸업식 사회를 보면서도 여러 번 찾아보게 되었고 또한 끝날 때까지 기다렸지만 역시 오지 않았다. 너무나 안타깝다. 정말로 아이들 자체가 주인공이 되는 그런 졸업식이 되길 바랄 뿐이다. 은강이와 은수 그리고 은진이는 지금도 연락이 되고 있다.

# 주희의 이야기

주희는 고등학교 1학년 때부터 알고 지냈는데, 공부도 잘 하고 책도 많이 읽고 또한 생각도 깊은 아이였다. 주희는 문학 소녀였다가 철학소녀 그리고 어떨 때에는 소녀가 아닌 이미 다 성장한 처녀처럼 생각하고 행동하고 이야기 했다.

그리고 주희는 자신의 문제에 대하여 어느 누구보다도 잘 알고 있는 아이였다. 그래서 자신을 '30대 남자 킬러' 라고 표현하며 자신은 또래의 남자나 여자친구들보다는 30대 남자 선생님들과 이야기하는 것을 매우 좋아한다고 하였다. 그러다보니 아무래도 주희에게 영향을 준 사람들도 어른들이고 그 영향을 주는 사람들 중에는 다행스럽게도(?) 나도 포함이 되었다.

똑똑한 학생인 주희와 상담을 하는 것은 매우 긴장되고 주의를 집중해야 했다.(물론 다른 아이들과의 상담도 매우 성심, 성의를 다했지만 주희의 경우에는 특히 더 신경이 쓰였다.)

주희는 평소에 아이들이 많으면 오지 않는다. 꼭 정규 수업이 끝나고, 집단 활동이 끝나고 나서 평가를 마치고 집에 가려하면

"저, 선생님 시간 있으세요?" 라고 말을 한 다음에 의자에 앉아서 울기 시작한다.

그러면 나는 정말 '꼼짝마' 이다.

주희는 자신의 이야기를 울면서 한다. 너무나도 아주 잘 이야기를 한다. 그리고 나서

"선생님은 어떻게 생각하세요?"

"그러니까 말야."

"선생님! '네가 힘들어도 넌 할 수 있다' 고 말하진 마세요." 라든지

'힘들겠다' 는 말로 저를 위로하려는 생각은 마세요."

"내가 너무 민감하게 반응한다고 말하시려고요?" 라고 말한다.

이런 말을 듣게 되면 나는 순간 머리에 뭔가를 얻어 맞은 것처럼 아찔하다. 고등학교 1학년인 아이가 어떻게 이런 말을 할 수 있는지…. 게다가 내가 무엇을 이야기 할지에 대하여 주희는 이미 알고 있는 것이다. 그러니 매우 부담스럽고 주위를 아주 집중해야 한다.

좀 지나고 주희에 대하여 파악한 바로 '주희는 자신의 문제를 너무 잘 알고 있다. 이 아이는 누군가가 자신의 말을 들어주는 사람이 필요한 게로구나. 그래. 그냥 들어주기만 하자.' 라고 생각하여 그냥 들어만 주면,

"상담선생님이 왜 듣기만 하세요? 뭐라고 말씀하시면서 도와주어야 하잖아요."

오히려 나에게 직무유기라고 하면서 투정을 부린다. 이렇게 부담스러운 존재인 주희는 자주 오지 않는다. 그리고 갈 때에는 다시는 오지 않을 것처럼 하고 간다. 그러다 이내 곧 밝은 모습으로 왔다가 다시 심각한 문제를 갖고 온다.

이러한 주희의 변덕(?)에 어느 날은 주희의 이야기를 듣다가

너무 졸려서 잠깐 졸았다. 그랬더니 그것을 놓치지 않고 주희는 "선생님! 제가 무슨 말을 했는지 아세요? 세상에! 상담선생님이 어떻게 학생이 상담을 하는데 잘 수 있지요? 더 이상 상담을 못하겠어요."라고 말하고 획 나가버렸다.

사실 주희와는 상담이 아니다. 주희는 자신이 어떻게 하면 좋을지를 가장 잘 알고 있으며 또한 문제의 본질이 무엇인지를 가장 잘 알고 있기 때문에 남에게 자신의 이야기를 하는 것이나 아니면 남에게 이야기를 듣는 것 자체를 싫어한다.

또한 상담이란 일종의 최루제나 일시적 효과만을 주어 문제의 본질을 흐리게 하는 '몰핀' 이라고 생각한다. 그러나 희한한 일은 그러면서도 꾸준히 찾아온다는 것이다. 찾아와서는 실컷 자신의 이야기를 하고 만다.

초기에는 여러 가지 이야기를 하려고 하였지만 어느 순간 주희가 원하는 것은 문제에 대한 해답이기보다는 그냥 찾아와서 이야기를 들어줄 존재였다. 이러한 존재는 단순히 이야기를 들어줄 존재로 그쳐야지 더 이상의 어떠한 말도 접근도 허용하지 않는 것이다.

경우에 따라서는 이러한 존재를 평가하기도 한다.

"무슨 상담선생님이 그래요? 다른 어른들의 조언과 좀 다를 수 없나요? 뭔가는 달라야 하잖아요."

초기의 여러 가지 이야기 중에서 당위에 대하여 이야기 할 때면 이렇게 하여 나를 면박주기도 한다. 그러면서도 때로는 날카로운 지적을 하기도 한다.

"선생님! 선생님은 우리 학교를 어떻게 생각하세요? 처음에 선생님이 생각하셨던 것과 같다고 생각하시나요, 아님 다르다고 생각하시나요? 다르다면 선생님은 왜 다른 선생님처럼 선생님의 소신을 말하지 않지요? 뭔가를 알고 있으면서도 말하지 않는다면 그것이 바로 위선 아닌가요? 선생님은 용기를 가지고 왜 당당하지 못하신가요?" 라고 말을 하여 한동안 나를 고민의 소용돌이에 빠뜨리고 만다.(사실 이러한 이야기가 나로 하여금 H고교를 그만 두게 하는 결정적인 이유가 되었다.)

이러하듯 주희는 내가 어떻게 살아가야 하는지에 대하여 일깨워 주기도 하고 또한 나의 개별 개입 기술에 대하여 날카롭게 문제제기를 하기도 했다.

특히 주희는 학교사회사업실에 왔다가 내가 없으면 다른 선생님들은 쳐다도 보지 않고 훌쩍 떠난단다. 마치 다른 선생님들은 상대도 하지 않겠다는 도도함을 내세우면서 말이다. 그러나 이러한 주희가 나에게는 참 소중하고 귀한 친구였다. 왜냐면 무례하고 도도한 주희의 태도 안에는 자신을 믿어주고 변함없이 받아주는 존재로서의 나에 대한 깊은 사랑과 신뢰가 깔려 있다는 것을 확인할 수 있었기 때문이다.

불안정한 심리적 위기 상황을 넘기고 2학년이 되고 3학년이 되면서 주희는 속정이 깊은 아이라는 것을 확신할 수 있었으며 어느 누구보다도 학교 안에서의 사회사업실 기능과 학교사회사업가인 나의 역할에 대하여 가장 인정해 주고 존경해 주는 한사람이 되었다.(그렇다고 해서 주희의 태도가 달라진 것은 아니었다.)

냉정하고 어느 누구도 인정하지 않으려는 주희에게 내가 가장 바라는 것이 있다면 주희가 갖고 있는 솔직한 마음을 주희의 입으로 듣는 것이었다. 그러나 나는 단 한번도 '고맙다' 아니면 '저에게 선생님이 큰 도움이 되었어요.' 라는 말은 들어보지 못하였다.

오히려 어떤 날은 상담을 매우 심하게 하고 나서(참으로 슬픈 일로 주희는 많이도 울었고 힘들어 했다.) 돌아갈 때에,

"선생님! 제가 고맙다고 할 줄 알았죠? 근데 전 안 할래요. 선생님은 어느 누구에게나 그런 말을 듣잖아요. 그런 말이 저에게는 의미가 없어요. 선생님은 선생님의 의무를 다하시고 있잖아요. 그럼 안녕히 계세요." 라고 하고는 돌아갔다.

그럼에도 불구하고 주희는 항상 학교사회사업실의 주변에 있었으며 난 그런 주희가 전혀 밉지 않았다.

주희의 졸업식 날이었다. 항상 졸업식에는 마음이 우울하였다. 평소보다 더 일찍 학교에 가서 이메일을 열어보니 주희의 이메일이 가장 눈에 띄었다.

거기에는 '오늘 졸업식은 자신에게 의미가 없으므로 졸업장에서 자신을 볼 수 있을 것이라는 기대는 하지 않은 것이 좋겠다. 자신은 더욱더 큰 의미를 발견하기 위해 오지 않는다.' 등등 여러 이야기를 하면서 그동안 자신이 나에게 해왔던 모든 것을 언급하였다.

'그 때에는 정말 선생님이 가식적으로 보였다. 또한 여러 학생들의 이야기를 들으면서 모두모두에게 최선을 다하는 모습을 보이지만, 그래서 상담을 하는 학생들은 선생님을 자신만의 선생님으로 생각하지만 막상 선생님은 여러 학생의 하나로 학생들을 대하는 것이 아니냐. 그래서 자신은 선생님의 진실성에 대하여

신뢰하지 못했었다. 그러나 자신의 문제가 해결되어가는 과정에서(자신은 오히려 상담을 통해 문제를 해결하지 않으려고 많은 노력을 했음에도 불구하고) 괜한 고집을 부리고 있는 자신을 발견하였다. 그래서 자신은 선생님에게 꼭 드릴 말씀이 있어서 이 이메일은 보낸다.' 고 하면서 큰 글씨로 맨 마지막 란에 이런 선물을 보내왔다.

"제게 있어 선생님은 큰 의미이시며 세상에서 선생님을 가장 존경합니다."

주희는 학교에 오진 않았지만 내 마음속에는 벌써 다녀갔다. 그리고 어느새 마음의 가장 깊은 곳까지 몰래 찾아와선 큰 선물을 가져다 놓았다.

진실한 마음을 스스로 보여준 주희는 더 이상 정서적 소녀가 아닌 현숙한 성인이었다.

'녀석! 안다. 알아. 나도 주희를 사랑한다.'

# 초보 산타의 나들이

나의 꿈은 정말 산타클로스가 되는 것이다.(아직도 유치한 꿈을 버리지 못했다는 말을 듣긴 하지만 말이다.) 정말 될 수만 있다면 산타클로스가 되고 싶다. 그래서 종종 이러한 꿈을 꾸기도 한다.

해마다 성탄절이 되면 각 학교에 학교사회사업가는 손길이 필요한 학생들에게 따뜻한 선물을 전해주는 그런 모습, 그러다 다른 학교사회사업가와 만나게 될 때의 그 기쁨.

아침이 되어 우리의 아이들은 기뻐하며 조금은 따뜻한 성탄절을 맞이하게 될 그 모습을 말이다.

정든 H고를 떠나기로 결심한 후 어쨌든 정든 학생들에게 나의 마음을 선물하고 싶었다.

평소 학교사회사업에 대하여 특강을 할 때가 종종 있었다. 그러한 대학 강의 중에 H고와 Y여상의 아이들과의 이야기들을 할 때마다 받은 강사료를 모아두었다. 언젠가 아이들을 위해 사용할 날이 있으리라는 막연한 준비 때문에….

나는 그동안 모아두었던 돈을 쪼개어 아이들을 위해 목도리를 샀다. 평소 상담을 하였거나 어떻게 만났든지 친분이 있는 그런 아이들의 명단을 정리하여 보았더니 제법 되었다.

아이들의 숫자에 맞추어서 샀고 또한 일일이 포장을 하였다. 그러나 혼자서 포장을 도저히 할 수가 없어서 몇몇의 아이들에게 부탁을 하였다.

그들 중의 대부분은 선물을 받을 아이들이었다.

아이들은

"선생님 왜 이것 포장하는 거예요? 이렇게 많은 것을… 어디 고아원이나 양로원에 가져다 주실거예요? 나도 하나 주면 좋겠는데…"

"안돼! 이건 선생님이 가장 사랑하는 아이들을 줄거야!"

일부러 투박하고도 얄밉게 대답을 하였다. 그러면서도 속으로는

'왜 안 되겠니. 다 너희들을 줄 것인데… 너희들은 나의 가장 귀한 사람인데….'

아이들은 포장을 하면서도 자기네들끼리 신이 났다.

아직 내가 H고를 떠난다는 말을 하지 않았던 터라 아이들은 이것이 나의 마지막 선물이 된다는 것도 그리고 조금 있으면 서로를 볼 수 없다는 것을 상상도 하지 못하였다.

나는 한지 포장지에다 글씨로 썼다.

"H고의 산타가"

아이들은 그것을 보고나서

"우와 ! 멋지다. 그러고 보니 선생님, 산타 같아요. 배도 나오고… 다리도 숏다리고… 농담이예요. 농담."

"근데 이 선물받는 사람은 좋겠다. 진짜로 산타할아버지한테 선물받는다고 생각하면 어떻하지?"

이런 저런 이야기를 한 후 3일이 지나서야 드디어 포장을 끝

냈다.

2000년 12월 25일!

오늘은 드디어 나의 꿈이 이루어지는 날이다. 드디어 산타가 되다니….

그러나 나의 복장은 전통적이면서도 화려한 빨간 산타의 복장이 아니었고, 수염도 그리 많이 나지 않았으며 또한 나의 루돌프는 다정다감한 사슴도 아닌 하나의 움직이는 도구이며 기계일 뿐이었다. 차 뒤에 아이들과 함께 포장한 선물을 가득 싣고서 아이들이 많이 있는 신정동 지역으로 출발하였다.

그날은 왜 그리도 날씨는 춥던지… 그런데도 난 너무나 들떠 있고 신이 났다.

오래 전부터 마음은 있었지만 이러한 마음만큼이나 준비는 그리 많이 되어 있지 않은 듯했다. 마음 먹은대로 준비를 하였다면 모든 것이 완벽하였을텐데….(사실 내가 생각하는 방법은 직접 아이들의 집으로 찾아가는 것이다. 마음에 맞는 학생들과 함께 그것도 새벽에 말이다. 게다가 눈까지 온다면 동화속으로 우린 들어가겠지.)

그러나 가정방문을 일일이 다하여 선물을 나누어주기에는 우리 아이들의 집을 다 알지 못하며 또한 다른 아이를 앞세워 찾아가려 하여도 내가 생각하는 아이들에게 다 찾아가려면 어림도 없는 방법이었다.

스스로 루돌프가 되어 주겠다며 함께 나서 준 이경근 선생님이 너무도 미웠다. 성탄절날, 그 의미 있고 뜻깊은 날. 나를 도와준다고 시간을 내준 이경근 선생님. 그 전전날 학급음악회를 하느라고 매우 힘이 들었을 텐데도 아이들을 위한 일이라면 두

발 벗고 나서는 학교사회사업실의 든든한 지지자이다. 그러나 내 앞에서 말로는

"내가 아직 애인이 없어서 지금 선생님을 도와주지만, 애인만 생긴다면 이젠 이것도 끝이야! 끝." 이라 하며 웃으면서 말하지만 워낙 추운 날씨이다 보니 저 쪽에서 제자리 달리기를 하는 이경근 선생님이 참 고맙다.

일단 우리의 전략은 차를 초등학교 앞에 세워두고 핸드폰으로 아이들의 집에 전화를 한다. 그러면 아이들은 성탄절 오후에 걸려오는 선생님의 전화에 놀라며 우리가 있는 장소로 나오게 된다.

"주영이니? 선생님이야."

"네? 선생님! 어쩐 일이세요?"

"그냥 보고 싶어서 전화했지. 너 잠깐 나올 수 있니?"

"선생님 지금 막 자다가 일어났는데…."

"괜찮아! 잠시면 되거든? 잠깐만 나와라."

"왜요? 무슨 일이에요?"

"아무일도 아니야. 그냥 지나가다가 보고 싶어서 그래."

"참! 이상하다. 알았어요."

처음에는 매우 경계하는 모습으로 나오다가 미리 준비한 산타의 선물을 주면 그제서야 매우 반가워하며 즐거워한다.

"어머! 이게 뭐예요? 이럴 수가… 진짜 저 주시는 거예요?"

"와- 나 목도리가 없었는데… 샘 감사합니다." 이런 아이들도 있고, 아니면 졸다가 전화를 받아놓고 귀찮게 슬리퍼를 신고 추위에 떨면서 나오다가

"으악! 선생님 진짜 뭐하시는 거예요? 크리스마스날에. 진짜 산타가 되신 거예요?" 이렇게 놀라는 아이도 있다.

성탄절날 오후, 힘겹고 무료하게 지낼 순간에 전화로 불러내어 이렇게 깜짝쇼를 하는 것도 괜찮다는 생각이 든다.

"그래! 선생님이 그동안 한 해를 정리하면서 학교사회사업실에 자주 오거나 또한 상담을 하였거나 하는 친구들에게 선물을 주고 싶었단다. 그래서 이렇게 오게 된 것이고."

"아-하! 근데 선생님 어떡하지요? 너무나 고맙고 감사한데 저는 드릴 것이 없으니, 카드도 쓰지 못했거든요. 죄송해요."

"괜찮아. 즐거운 성탄절이 되길 바래."

"선생님도요."

산타가 아이들을 찾아가는 것이 아니라 아이들이 산타를 찾아오게 되었다. 한 20명에게 연락하고 있는데 이게 웬 일. 핸드폰 배터리가 거의 없어진 것이 아닌가? 난처해 하고 있는데 마침 지혜가 도우미를 자청하고 나섰다.

"선생님 제가 연락할게요. 명단을 주세요. 집에서 전화를 할게요."

"그래도 되겠어? 전화비 많이 나오잖아!"

"상관없어요. 단지 선물받은 감사함을 표시하고 싶은 거예요."

그래서 지혜 덕분에 많은 아이들에게 선물을 나누어 줄 수 있었다.

5시간을 꼬박 추위에 떨면서 아이들을 기다렸다.

날도 더 차가워졌고 해도 떨어지고 자칭 '호나우도'라던 이경근 선생님은 혼자서 제자리뛰기 하는 것도 지쳤나보다.

한 아이당 약 1~2분 정도 얼굴만 보고 전해 준 선물이지만 그래도 아이들에게는 추억의 크리스마스가 되었으면 하는 바람이었다.

마지막 아이들이 다 오고나서 이경근 선생님과 나는 '동태' 가 되어버린 서로의 모습을 보면서

"도대체 우리가 왜 이러지요?"

"왜 그러긴요. 아이들을 사랑하기 때문이지요." 라고 말하면서 서로의 마음 안에 있는 아이들의 사랑에 서로가 감동을 받는다.

저녁도 같이 하지 못하고 일단 추운 몸을 집에서 녹이려고 빨리 헤어졌다.

2000년의 성탄절은 그렇게 지나갔다.

참으로 추운 날씨가 우리의 몸은 얼려도 아이들을 사랑하는 마음만은 결코 얼릴 수 없었다.

몇 달이 지난 후에 내가 H고를 떠나던 날 아이들은 내가 선물한 목도리를 하고 나를 배웅하였다.

마치 노란 손수건을 마을 입구에 걸어놓고 귀가하는 아들을 용서한다는 표시를 하였다는 소설내용처럼 아이들은 '나를 사랑한다' 는 표시로써 그 목도리를 하고 나왔던 것이다.

아이들은 내가 준 사랑을 고스란히 간직하고 있었다. 그들은 그들의 사랑을 모아 더 큰 사랑을 내게 주고 있는 것이었다.

고마운 녀석들… 그들이 보고 싶다.

# 주영이의 편지

주영이는 외고에서 전학온 아이이다. 새침떼기에다 나름대로 외고에서 전학을 와서 아이들의 경계와 시기의 대상이 되었다. 주영이는 외고에서 전학온 이유를 내신 때문이라고 하였고, 언제나 자신감 있는 아이로 행동하였다. 공부도 나름대로 잘 하였다. 그러던 어느날 학교에서 당직(지금은 없어졌지만 그때에는 일요일에도 학교에 교사들이 순번을 정해 근무를 하였다.) 근무를 하고 있었는데 아침 일찍 주영이가 찾아왔다. 아무도 없는 것을 확인하고 주영이는

"저! 선생님, 드릴 말씀이 있는데요."

"그래? 이렇게 일찍, 게다가 공주님이 어쩐 일로 납시셨나요?"

"아이! 그러지 마세요."

"그래 앉아라! 선생님은 주영이랑 이야기하는 거 좋아하잖아."

"선생님! 진짜 비밀이예요. 정말로요. 저, 저, 으음… 선생님 저 등록금 좀 대 주세요. 나중에 갚을게요. 흐흑. 우리 집에 돈이 없어요. 어엉…."

주영이는 서러움과 슬픔이 폭발되었다. 얼마나 목놓아 울던지… 평소 때의 자존심 강한 모습은 어디가고… 지금 내 앞에

있는 주영이는 한없이 슬픈 날개잃은 천사였다. 주영이 아버지는 직장을 구하지 못하고 어머니도 열심히 살아보려 하지만 몸도 약하여 집안에서 하는 소일만을 할 수 있었는데 그것도 일감이 없어서 아무 것도 할 수 없었단다. 처음부터 이렇게 어려운 것은 아니었다. 주영이 아버지는 초기에는 지방 신문사 기자로서 활동을 하다가 주영이가 중학교 2학년 때부터 사업을 시작했다. 그때부터 가계는 어려워지기 시작하였다. 그러나 주영이가 공부를 잘 하였고 또한 경제사정이 조금씩 나아지지라고 기대하고 무리해서 외고에 입학시켰다. 그러나 외고는 경제적으로 큰 부담을 주었다. 주영이는 위축되었고 그래서 본인의 뜻과는 상관없이 학교를 전학하게 되었다. 전학하는 날 주영이는 참 많이 울었다고 하였다. 그리고 돈이 없다는 사실이 이렇게 비참한지 크게 느꼈고, 이러한 사실을 인정하기 싫어서 일부러 아이들에게 '있는 척'을 하였다. 그러나 최근 들어서 더욱더 어려워진 주영이는 등록금은 커녕 생활비조차 없어서 힘겹게 살아가고 있었다. 주영이의 눈에는 아버지가 너무나 무능력해 보였고 자신의 동생이 더욱더 걱정되었다고 하였다. 이런 주영이의 아픈 마음을 보호해 주어야 했기에 학교사회사업실 장학금(학교에 있으면서 학교사회사업의 이름으로 특강을 하게 될 경우에 그 강사료는 별도로 모아 두어 학생들을 위해 사용하는 장학금이 있다.)을 주게 되었고 또한 공식적인 학비 면제를 받을 수 있도록 하였다. 그리고 ○○재단과 연락하여 대학교 입학금과 수업료를 1년간 지원받을 수 있도록 하였다.

주영이는 마음으로는 많이 고마워하였지만 그 생명과 같은 자존심때문에 표현을 많이 하지는 않았다. 그러한 주영이를 나는 충분히 이해하고 있었다. 그런 주영이가 졸업을 하는 날 아침에 일찍 학교에 와서 나에게 편지를 주고 갔다. 그 편지 안에는 녀석의 마음이 충분히 담겨져 있음을 느낄 수 있었다.

존경하고 사랑하는 철수 선생님께

지금은 졸업식 날 새벽 0시 20분이랍니다.

어제 오늘 종일 선생님께 편지써야지… 하면서 까먹구 편지지두 못 샀어요. 죄송… 하하.

그래서 집에 있는 리포트 종이루… 제가 이제 시작하게 될 학교 종이랍니다(자랑스러워하고 있는… ). 첨엔 연대가 넘 가구 싶었는데, 막상 고대가 되니까 그래두 사랑스러워지네요.

입학두 하기 전부터 애교심을 느끼는 건지…

하지만 아직두 제가 선택을 잘 한건지는 의문이 남습니다. 그래두 고대를 택한건 모험을 해볼 마음이 생겨서예요. 컴퓨터 학과루 정해져 있지두 않고, 들어가기 힘들다는 것도 알지만 지금까지 해 나왔듯 한 번 해보기루 했어요.

저 자신을 한 번 믿어볼라구요.

남들도 그렇게 공부해서 들어갔는데 저라구 못할라구요… 자신감을 갖구 노력해봐야죠.

그래두 노력한 만큼은 저는 항상 받아왔던 것 같아요. 외고를 나와서 전학했을 때두 모험이었지만 이렇게 그때 성적으론 갈 수 없었던 학괄 갔잖아요.

다만 다른 것은 그때처럼 도와주실 선생님이 안 계시구, 저 스스로 해 나가야 한다는 것이지요, 그래두 할 수 있다고 믿고 있어요.

그래서… 선생님께서 늘 지켜봐주신다구 믿을라구요. 헤헤

H고에 와서 제일 저에게 행운이었다고 느끼는 일은 선생님을 만나게 된 것이라고 생각해요. 쑥스럽지만 진심이랍니다. 그리구, 글케 어

려움을 선생님께 털어놓을 수 있었던 그런 용기가 생긴 것도 선생님께서 보여주시던 믿음과 관심 때문이었던 것 같아요. 예전에 〈TV는 사랑을 싣고〉 같은 것 보면 '평생 못잊을 은사' 네 어쩌네 하면서 나오면 정말로 저런 게 있을까? 라고 생각한 적이 있어요. 그런데 이렇게 정말 평생 못잊을 은사님을 고등학교 끝에서 만나다니 정말 기쁩니다.

아마 후에도 제가 나이가 들어서도 항상 힘든 일이 생기거나 고민이 생기면 아마도 선생님이 생각나지 않을까 해요. 이렇게 어려운데도 꿋꿋이 버틸 수 있었던 것도 저의 힘든 모든 상황을 친구들에게 말할 수 있게, '가난 콤플렉스' 를 극복할 수 있었던 것도 선생님이 있어 주셨기 때문이 아닐까 합니다.

벌써 졸업 일이네요. 전학와서 선생님과 정인이를 만난 날이 엊그제 같은데 저는 졸업하고 선생님도 다른 학교로 가시고… 참 다행스러운 것은 선생님 말씀대로 제가 있을 동안 선생님도 학교에 계셨던 거예요(물론 맨날 출장다니고 안 계셨지만요.)

선생님 다른 학교 가셔서도 많은 아이들 힘든 것 도와주시고요 다른 애들에게도 평생 기억에 남는 선생님이 되시고요 글구 책나오면 제가 꼭 살게요! 저자 친필 사인 해 주셔야 해요. 글구 공부 계속 열심히 하셔서 꼭 학위도 받으시고요.

성실하게 사는 사람에겐 꼭 그만큼 대가가 주어진대요(제가 한 말입니다. 푸하핫.)

그니깐 선생님은 꼭 좋은 일이 많이 있으실거에요

글구 제 어릴적 사진 잃어버리지 마시고요. 절대 잃어버리심 안돼요!! 장래에 구하기 힘든 국보급 물건이 될지도 몰라요. 하핫.

저는 제 그릇이 큰지 작은지 그런 건 잘 몰라요. 머리도 좋은지 나쁜지 그런 것도요.

하지만 최선을 다해서 열심히 살려구요 그릇의 크기는 모르겠지만 최선을 다하다 보면 언젠가는 보다 더 높고 먼 곳에서 날 수 있다고 믿어요. 될지 안 될지 모르겠지만 된다면 나중에 제 위인전에 선생님이 평생 은사라고 적힐지 누가 알겠어요(이건 좀 심한가?).

음!! 어쨌든 그런 얘길 하려는 게 아니였구요 선생님께서 꼭 지켜봐 주시라고요. 이젠 선생님 품을 떠나가는 제자이지만 그래두 끝까지 제가 해내는 모습 꼭 지켜봐 주세요. 제가 조금더 성장해 나가는 모습, 조금 더 어른이 되고 힘든 일들을 이기고 헤쳐나가는 모습 꼭 지켜봐 주세요. 꼭 무언가는 해내는 것 보여드릴게요. 약속드려요.

그리고 선생님 사랑하는 제자 많지만 저 잊지 마세요. 찾아갔는데

'너 누구니?'

하시면 삐질거예요. 하핫.

요즘은 과외를 하면서(초등학교 3학년짜리 남자 꼬마앤데 말두 안 듣고 골치 아픕니다) 애키우는 건 참 힘든 일이라고 느끼고 있답니다.

음… 정말 키우는 엄마, 모든 어머니들 그리고 가르치는 선생님들, 모두 다 존경스럽고 대단하다고 느낍니다. 게다가 그런 중에 누군가의 평생에 기억에 남으면서 그 사람의 운명까지도 바꾸어 줄 수 있는 선생님은 더더욱 굉장하죠. 선생님은 힘들지만 아름다운 직업이라고 생각해요. 글구 선생님은 더 대단하시구요.(하지만 저는 못할 것 같아서 안할랍니다. 훗 얍삽해라.)

생각해보면 늘 선생님께는 곤란한 일이 있거나 힘든 일이 있거나 금전적 문제라거나 저 필요할 때마다 찾아다닌 것 같아 무척 죄송스럽습니다. 음 선생님 혹 서운하신것… 훗훗 죄송하고 감사드려요.

벌써 한시랍니다. 2월에 들어서 무척 바쁘게 살았더니, 살이 빠지네요. 고등학교 3년 동안 키워온 살들인데, 핫핫.

저요, 큰 사람이 될게요. 현재 위치에서 만족하지 않고 늘 모험하면서 도전해서 더 멀리 나아가는 사람이 될게요.

항상 지켜봐 주시고요. 또 주영이 잘 되라고 기도해 주세요.

선생님 앞에 서서 부끄럽지 않은 제자가 될게요. 그리고 힘들 때 의논하고 싶을 때 선생님 찾아가도 되겠죠? (된다구요 ? 알았습니다!)

이제 이만 줄일 때가 왔네요. (빨리 자야 할 듯한) 이제 몇 시간만 지나면 H고 학생이 아닌 더 넓은 곳으로 가는 사람이 됩니다. 아쉽지만 또 섭섭하지만 언젠가는 해야 할 일이니까 또 제자리에서 최선을 다해야죠.

선생님께서 주신 사랑은 평생 가슴속에 담아 가지고 다닐게요. 그리고 제가 언젠가 누군가를 도울 위치에 서면 꼭 베푸는 사람이 될게요.

선생님 정말 존경하고 또 사랑합니다.

2001년 2월 9일
말썽꾸러기 제자 주영 올림

추신 : 밤이라 글씨가 매우 엉망이군요, 왕 죄송.

곁다리루 넣은 사진은 이번에 학생증 신청에 낸 사진이에요. 대학교 학생증인 만큼 이쁘게 찍어 보려고 발버둥쳤죠. 머 사진 기술의 승리죠?

H고에서 두 번째로의 졸업식을 맞이하게 되었다. 두 번째 졸업식은 왠지 서먹서먹하기만 하고 또한 학교를 옮기는 과정이라 기분이 매우 울적하였고 이상하였다.

첫번째 졸업식에는 첫해의 아이들이라 매우 깊은 정도 있었고 승기나 승이, 경은이, 은희와 같이 함께 울고 웃는 아이들이 있어서 매우 좋았는데….

# H고를 떠나온 날

H고를 떠나온 날은 항상 아이들로 북적되었던 학교사회사업실이 평소와 달리 매우 한적하였다.

사실 아이들에게 내가 H고를 떠난다고 말한 것은 2월이 되어서이다.

2월에 아이들과 이별연습을 하였다.

아이들을 만나면서 내가 떠난다는 이야기를 하고 그들에게 사진을 부탁하였다.

"사진은 왜요?"라고 묻는 질문에

"이제 조금 있으면 서로가 보고 싶어도 볼 수 없잖아. 그러니까 내가 보고 싶을 때에 너희들의 사진을 볼 수 있도록 말이야." 라고 하면서 애써 말을 돌렸다.

그러나 아이들은 오히려 담담하게 나와의 이별을 받아들였다. 왜냐하면 그곳은 선생님들의 이동이 매우 잦은 곳이기 때문에 아이들은 선생님들은 언젠가는 떠나갈 사람들이라 생각했다. 그러나 사실은 서운하였다. 아니 많이 서운하다는 표현이 더 솔직하리라. 그동안 매우 중요한 시기를 보낸 그곳인데 어쩌면 이렇게 아이들이 담담할 수 있을까?

너무나 서운하였지만 그래도 나는 그냥 잊혀지는 편이 더 나으리라는 생각이 들었다. 3년간 만났던 아이들을 하나씩 다시 만났다. 사실 그들이 학교사회사업실에 오면 이야기 해야지 라고 생각하였지만 자주 찾아오지 않는 그런 아이들도 꽤 많이 있었다. 그리고 한동안 잊고 있었던 아이들도 있었다.

서운함도 잠시. 그렇다고 내가 이별을 하면서 보고싶은 아이들을 얼굴도 보지 않은 채 그대로 두고 갈 수는 없는 것이다.

먼저 찾아간 아이들은 내가 떠난 후 졸업이 위태로울 것 같은 아이들이었다.

하나하나를 만나면서 개별적인 이별연습을 하면서 나도 정리가 되는 것 같고 아이들도 이별준비가 되는 것 같았다.

그렇게 이별준비를 하고 있는 과정에 김연주 선생님의 결혼식에 참석하였다. 김연주 선생님 결혼식에서 보연이를 만났다. 보연이는 전학을 온 학생으로 초기에는 어려움이 많았지만 학교사회사업실과 함께 극복하여 지금은 너무나 행복한 생활을 잘 하고 있는 아이였다.

보연이가 보이길래

"보연아! 사진 좀 가져다 줄래? 월요일에 말야."

"사진은 왜요?"

"으 음! 선생님 다른 학교로 가잖아!"

"네? 그게 무슨 말이예요."

"몰랐니? 2월까지만 나오고 선생님은 다른 학교로 간단다."

"그런 게 어디에 있어요! 얘들아! 선생님 다른 학교로 가신대. 흑흑."

보연이는 전학와서 전입생 프로그램을 참여하고 초기에는 학교생활을 하기에 힘들어서 학교사회사업실에 자주 찾아오곤 하였다. 그러나 2학년에 올라와서는 너무나 적응을 잘 하고 아이들과도 매우 친해져서 아주 멋진 학교생활을 하고 있어서 자주 찾아오지 않았던 아이였다. 항상 웃는 얼굴이 좋아 나도 매우 아끼는 아이였지만 적응을 잘 하는 것을 확인한 후 별다른 개입이 없이 잘 지내는 아이였다. 서로가 서로를 그리워하면서도 소홀해진 사이가 되어서 그런지 보연이의 안타까움은 컸나보다.

보연이는 울고 있고 또 다른 친구들에게 말하면서 함께 울기 시작했다. 나도 눈물이 흘러나왔다. 그런데 문제는 그 이후였다. 순간 주위사람들이 당황한 일이 발생되었다.

모두가 기쁜 마음으로 축하해야 할 결혼식장에 와서 학생들이 엉엉 울고 있으니 이를 어쩌면 좋단 말인가. 나도 눈물이 나고 아이들도 울고 순간 결혼식장 밖에서는 한바탕 울음이 흘러나왔다. 도저히 결혼하는 사람들에 대한 예의가 아닌 것 같아서 우린 밖으로 나왔다.

그 다음날 보연이가 학교사회사업실로 계속 찾아왔다.

보연이가 찾아오면서 그동안의 일들에 대하여 함께 나누었다. 보연이가 전학을 오게 되어 많이 힘들었을 때에 학교사회사업실에서의 도움이 필요했던 일들을 이야기하며 친구들과 다투었을 때에 선생님이 힘을 주었다는 이야기 그리고 단체활동 갔을 때의 이야기 등을 하면서 두 시간 계속 울었다.(함께 울어주는 아이가 있어 이곳에서의 생활은 헛된 것이 되지 않았다는 생각이 든다.)

어쨌든 보연이가 가장 많이 찾아왔고 나는 아이들을 만나면서 사진을 모으기 시작하였다. 그러면서도 아이들과 파티라도 하고 싶었는데… 하는 생각도 들었다.

그런데 막상 나의 송별파티를 내가 주최하기가 좀 그렇다.(아무리 이벤트에 강한 나라고 하여도…)

그러던 어느날 신영이가 나에게 상담할 것이 있다고 하면서 이상한 이야기만을 하였다.

"저! 선생님, 인생은 왜 이리 험난한 것일까요? 어쩌면 저에게는 남자 복도 없는 것일까요? 인생은 참 불공평합니다. 남자 친구가 많은 녀석들은 계속하여 남자 친구가 많은데 남자친구가 없는 나와 같은 사람들은 남자 친구가 하나도 없어요. 그러니 제가 공부가 잘 되겠나요? 뭐 그렇다고 내가 남자 친구가 꼭 필요해서가 아니에요. 그러니까…."

뭐라고 이야기하는지 잘 모르겠다. 공부가 어쩌니, 남자가 어쩌니 등등 똑똑한 신영이는 이렇게 산발적인 이야기를 잘 하지 않는 아이라 좀 의아스러웠다. 그리고 나서 한참 후 책가방을 학교사회사업실에 두고 왔다고 하면서 다시 들어가야 한다고 해서 함께 들어가는데 불이 꺼져 있고 아이들이 뭔가를 준비해 놓았다는 생각이 들었다.

내가 들어가자마자 촛불로 밝혀진 환한 초코파이케익.

그리고 아이들의 "선생님 사랑해요!"라는 합창의 말!

아이들이 자신들의 돈을 모아 파티를 준비하였던 것이다. 그리고 모든 아이들의 모습을 담은 사진첩과 앨범 그리고 기타 많은 편지들 등등… 순간 나도 모르게 눈물이 나왔다.

그리고 무엇보다도 아이들이 나를 감동시켰던 것은 바로 목도리였다.

아이들은 산타의 선물을 모두 목에 두르고 나를 사랑한다는 것을 몸으로 보여주면서 나의 섭섭함을 위로하고 있었던 것이다. 아이들 모두는 내가 선물한 그 목도리를 목에 두르고 사랑으로 나를 보내고 있는 것이었다.

이렇게 나를 사랑하는 아이들에게 나를 잊었다고 생각하면서 서운함을 느끼다니… 참 나의 속이 좁고도 좁다는 부끄러움이 일어났다.

아이들과 한 명씩 이별을 나누면서 다음에 만날 날을 약속하였다.

너무나 소중한 아이들 승윤이, 보라 , 지은이, 미리 그리고 독수리 5형제 등등.

난 이제 떠나도 여한이 없다는 생각을 하였다. 아이들이 돌아가고 나서 전체 교실을 올라가 보았다. 각반을 돌아보면서 그동안 정들었던 아이들의 모습을 떠올렸다. 아이들과 함께 했던 그 모습들은 각반의 교실 안에 그대로 남아 있었다.

이렇게 아이들이 해 준 파티를 고맙게 받아들이며 봄방학을 맞이하였고, 그리고 2월 26일 교장 선생님을 만나고 나는 홀로 쓸쓸히 H고등학교 학교사회사업가로서의 그 존재를 접어야 했다. 그때의 하늘은 유난히 맑고 바람은 차가왔는데 더욱더 맑고 차갑게 느껴진 중요한 이유는 아이들과는 이제 공식적으로 만날 수 없다는 사실 때문이 아닐까 한다.

교문을 나서면서 각반 교실 창문에서 목을 내밀고 손을 흔드는 아이들의 잔상을 보았다. 웃으면서 그들에게 손을 흔들며 나즈막히 마지막 인사말을 하였다.

"얘들아! 건강하고 행복하게 지내야 해! 사랑한다."

제 6 부

# 학교사회사업가가 되기까지

# 함께 한 나의 동지들

나의 이야기는 나만의 이야기가 아니다. 분명 지금도 학교 현장에서 학교사회사업가로서 아이들과 그 가족들을 생생하게 만나고 있을 우리 학교사회사업가의 이야기이기도 하다. 그들은 나와 함께한 동지로서 그들은 이 땅의 학생들을 위해 지금도 알아주지 않는 일을 묵묵히 하고 있다. 지금부터는 그들이 중심이 되는 학교사회사업의 역사를 이야기하려고 한다.

1993년도 8월부터 학교사회사업을 시작하였다. 지금도 마찬가지이지만 이때에는 학교사회사업이 무엇인지 아무도 몰랐었다. 나는 그때 나의 모교인 H고등학교와 같은 재단인 H여상에서 실습을 통하여 학교사회사업을 처음 실시하였다. 1994년 8월까지 실시한 학교사회사업은 나에게 확신을 갖게 하기에 충분하였다. 학교에서는 정말 학교사회사업가가 필요하며 학생들을 위해 학교사회사업가는 참 많은 일을 할 수 있겠다는 확신을 체험한 것이다. 나는 학교에서 학교사회사업가로 일하고 싶었다. 그래서 정규 직장에서 일하는 기회를 갖기보다는 학교에서 일할 수 있는 기회를 창출하고 싶었다. 그러나 어느 누구도 나에게 학교사회사업을 하라고 기회를 주는 사람은 없었다. 기회는 커녕 지지도 받아본 적이 없었다.

"학교사회사업? 우리나라에선 아직 멀었어!"

"아이고? 네가 한다고? 네가 뭐 그리 대단한 존재라고…."

학교사회사업을 하고 싶다고 말하면 대부분의 주변사람들이 하는 이야기들이었다. 너무나 아이러니컬한 점은 그들은 대부분이 사회복지를 전공한 사람들이었다. 오히려 학교에서 이런이런 일들이 필요하다고, 꼭 필요한 활동이니까 힘들지만 해보라는 사람들은 교육계에 종사하는 사람들이었다. 그러던 중 숭실대학교 노혜련 교수님이 도와주셨다. 숭실대학교 교내 연구비로 백석중학교와 동작중학교에서 연구하게 된 것이다. 그때 난 학교사회사업을 하면서 처음으로 돈을 받고 일을 하게 되었다. 그것은 1년에 70만원이었다. 함께 연구활동을 하게 된 사람들로는 대학원생인 김주미, 고혜영, 김남형, 김연수, 이혜영, 김상곤 등이었다. 이들은 15만원을 교통비로 받고 사업을 하였다.

1996년 10월부터는 서울시 교육청에서 학교사회사업 시범사업이 시작되었다. 서울시의 추가경정예산을 중심으로 서울시 교육청 생활지도과에서 학교사회사업을 실시하게 되었는데, 이를 서울대사회복지연구소에 연구용역을 의뢰하게 되었다. 서울대사회복지연구소에서는 서울시내 3개 교를 중심으로 실무팀과 오정수 교수(충남대)를 중심으로 한 정책 연구팀으로 나누어 연구 용역을 진행하였고 실무팀에는 석사학위 이상의 연구원을 연구학교에 파견하여 학교 상주 모형으로 활동을 진행하며 3개 교에는 책임연구원 1인씩 배치하여 연구 활동을 진행하였다. 이때에 참여한 학교와 연구진은 다음과 같다.

광신고등학교에는 김연옥 교수(서울시립대)와 이상균(당시 서울대 박사과정), 연북중학교에는 김기환 교수(연세대학교)와 김영화(연세대학원 졸), 영등포여자상업고등학교에는 노혜련 교수(숭실대)와 윤철수(숭실대학원 졸)가 각각 팀을 이루어 활동하게 되었다.

이때에 특이할 만한 상황은 세 학교 중에서 영등포여자상업고등학교 학교장은 학교사회사업에 대한 이해가 있었다는 것이다. 영등포여자상업고등학교의 교장은 미국에서 잠시 생활을 할 때에 교장의 자녀가 다니는 학교에서 학교사회사업가의 도움을 학부모의 입장에서 경험하였었다. 따라서 영등포여자상업고등학교의 교장은 한국의 상황에서 학교사회사업가의 존재 및 활동에 대한 이해가 많았으며 그 학교에서 시범사업이 진행되는 동안 연구원의 지위를 학교사회사업실장으로 임명하여 일반 부장교사에 해당하는 대우를 해주었다. 또한 학교장은 학교사회사업실의 공간도 배려해 주고 원할한 연구 활동을 위한 사회복지 전공 대학원생을 실습생으로 선발할 수 있는 선발권과 자원봉사자에 대한 선발 및 이들의 운영권한도 학교사회사업실장에게 전격 일임하였다. 또한 같은 재단 내에서 1997년에 개교하는 신설 한가람고등학교(인문계 고등학교)의 학생들도 학교사회사업서비스를 제공해달라는 요청을 하여 영등포여자상업고등학교와 한가람고등학교 학생들 모두는 학교사회사업 서비스를 받을 수 있게 되었다.

그러는 가운데 1997년 7월 5일자 한겨레 신문 12면에 영등포여자상업고등학교의 학교사회사업실이 소개되고, KBS 뉴스에서 학교현장에 학교사회사업이라는 새로운 방법이 도입된다는 보도를 하면서 전국에 학교사회사업이 본격적으로 소개가 되기 시작하였다. 같은 해 교육부에서도 학교사회사업을 시범사업으로 운영하였다. 당시 대통령 자문 기구인 국민복지기획단에서 건의되었던 학교사회사업을 김영삼 대통령의 지시로 안병영 교육부장관이 시범사업을 지시하여 교육부 내에서 전국 4개 교에 학교사회사업프로그램을 실시하게 되었다. 대상 학교는 서울 무학여고, 대전의 충남중학교, 광주의 북성중학교, 대구의 제일여자상업고등학교 등 4개 교였다.

그러나 이렇게 시작된 사업은 교육부의 일관된 지침이나 내용 없이 단순한 학교사회사업 프로그램이라는 명칭을 사용하는 것을 중심으로 단위학교에서 자율적인 운영을 하였다. 하지만 서울의 무학여고의 경우는 한인영 교수(이화여대)를 중심으로 전담 연구인력이 일주일에 2~3일씩 정기적으로 투입되어 연계활동을 하는 등 가장 적극적으로 학교사회사업의 활동을 실시하였고, 충남중학교에는 1차년도에는 학교 자체인력으로 실시하다가 2차년도에 가서는 정신의료사회사업을 전공한 사회복지사가, 광주 북성중학교는 퇴임임기를 앞둔 교사중심으로, 대구 제일여자상업고등학교는 현직 교사이면서 사회복지 박사과정에 있는 부장교사를 중심으로 진행이 되었으나 '중앙정부에서 실시하는 교육부 시범사업으로서 학교사회사업이 이루어졌다' 라고 말하기에는 여러 가지 아쉬움이 남아 있다.

1997년에는 한국학교사회복지학회(당시 한국학교사회사업학회)가 창립되었는데 1997년 5월 성민선 교수(가톨릭대학교)가 창립 발기인이면서 초대 회장으로 선출되어 학교사회복지는 학회와 실무현장이 동시에 생겨나는 중요한 한 해이기도 하였다. 같은 해 민간 기업재단 중 삼성복지재단(담당 김성원 과장)은 단독 사업으로 학교사회사업 프로그램을 공모 · 지원하였으며, 1997년에는 8개의 복지관–성산종합사회복지관(학교생활 부적응 아동의 적응능력 향상), 태화 기독교 사회복지관(빈곤지역 학업 중단 청소년 사회통합), 은평 종합사회복지관(학교 생활 부적응 아동 부적응 요인 감소 사업), 가양 4 종합사회복지관(청소년 비행 예방 및 치료를 위한 학교–복지관 연계), 가양 7 종합사회복지관(학내 위기 청소년 상담 및 치료 응급 직통전화), 대한 성공회 청소년 쉼터(비행 청소년의 사회적 기능 향상을 위한 학교사회사업), 춘의 종합사회복지관(청소년 재가출 예방 사례관리 접근 방법), 장안 종합사회복지관(청소년 자원봉사활동을 위한 학교 교육)–이 지원을 받아 복지관 중심의 학교사회사업을 활발하게 전개하였다. 이후 2003년 현재까지 중단되지 않고 지속되어온 삼성복지재단의 학교사회사업에 대한 지원은 학교사회사업 프로그램의 발전과 확장은 물론 한국 학교사회사업의 발전에 큰 기여를 하였다고 보여진다.

1997년 12월에 서울시 교육청 시범사업이 종결되었지만 서울시 교육청 시범사업이 가져온 가장 중요한 성과는 대한민국 최초의 학교사회사업가의 탄생이었다. 즉 시범학교 중 영등포여자상업고등학교와 한가람고등학교에서는 1년 동안 학교사회사업의 활동이 학생들의 복지 및 학교생활을 위해 반드시 필요하다고 판단되어 학교사회사업가를 고용하기로 결정하였다. 그러나 관련 조항이나 규정이 없어서 학교가 소속된 재단 이사회에서 정관을 바꾸면서 학교사회사업가를 고용하였다. 1998년 3월 2일부로 고용된 학교사회사업가는 영등포여자상업고등학교와 한가람고등학교를 전체 관리하는 전임 학교사회사업 실장으로 내가 고용되었고 영등포여자상업고등학교 담당 시간제(주 3일 근무) 학교사회사업가로 김주미, 한가람고등학교 담당 시간제(주 3일

근무) 학교사회사업가로 이혜주 등 총 3명이 한국 최초로 학교사회사업가로 채용되어 근무하게 되었다.

서울시 교육청 시범사업의 또 하나의 성과물이 있었는데 그것은 서울시 교육청 산하 상담센터 내에 사회복지사가 고용되었다는 것이다. 당시 서울시교육청 김성심 장학사는 학교사회사업가의 전문성을 인정하여 교육청 상담센터 내에 상담 전문요원으로서 사회사업가를 채용하게 되었다. 1998년에도 삼성복지재단은 지원사업을 계속하였으며 민간재단인 삼성복지재단의 지원 프로그램은 학교사회사업발전에 큰 기여를 하고 있었다. 또한 가톨릭대학교 부설 춘의, 한라 사회복지관에서는 경기도 교육청에서 위탁을 받아 경기도 내의 단위학교에서 선도 처분을 받은 학생들에게 사회복지서비스를 제공하게 되었다.

그 이후 1999년 2월에는 학회와 한국학교사회사업가협회 준비위원회와 공동으로 제1회 대학원생을 위한 학교사회사업기초를 영등포여자상업고등학교에서 개최하였다. 이때에 전국에서 약 30여 명의 대학원생이 참여하여 학교사회사업에 대한 공식적이고 일관된 내용으로 최초 교육을 진행하게 되었고, 약 40시간의 연수를 마치고 난 후 약 10여 명의 교육 이수자는 한가람고등학교와 영등포여자상업고등학교에서 1년간 실습을 하였다. 이때의 실습은 일주일에 이틀씩 1년간의 실습이었고 약 890여 시간의 실습 시간을 부여받게 되었다. 이들은 한가람고등학교에 5명, 영등포여자상업고등학교에 5명 등 총 10명으로, 이 두 학교에는 전임 학교사회사업가 1명, 시간제 학교사회사업가 2명, 실습생 10명 등 총 13명이 공식적으로 학교사회사업 서비스를 학생들에게 제공하고 있었다.

그리고 영등포여자상업고등학교와 한가람고등학교에는 '교실카페'라는 문화공간도 마련되어 학교 내 학생들의 학교문화 증진에 학교사회사업 프로그램이 활용되었고 한가람고등학교와 영등포여자상업고등학교의 학교사회사업실이 각각 교실 2개의 공간으로 확장 운영되게 되었다. 그리고 한가람고등학교는 교육부 지정 '통합교과과정 시범운영학교'로서 1999년 11월 30일에 있었던 시범학교 운영 결과 발표회장에서 학교사회사업 활동에 대한 부스를 마련하여 이날 초빙된 약 1,000명의 교육부 관계자 및 전국 교사들에게 학교사회사업의 활동을 공식적으로 소개하게 되었다.

2000년에는 서울시 교육청에서 생활지도 시범사업의 일환으로 학교사회사업을 활용한 시범 사업이 부활하게 되었다. 이때에는 1997년 시범사업의 담당이었던 김성심 장학사가 다시 담당하게 되면서 1997년보다는 보다 발전적이고 전문적으로 이루어졌다. 1997년의 시범사업과는 다른 점이 있다면 연구용역사업을 외부로 발주하지 않고 본청의 직접사업으로 진행되었으며 또한 학교도 3개 교가 아닌 5개 교로 확대하여 실시하게 되었다는 것이다. 당시 참여하게 된 시범 학교는 송파공업고등학교, 당곡고등학교, 남강중학교, 은평공업고등학교, 동마중학교 등 5개 교이었다. 해당 학교에 투입될 학교사회사업가의 인력은 제2회 학교사회사업 대학원생 연수를 통해 기본과정을 이수한 사람들과 영등포여자상업고등학교에서 1년의 실습과정을 통해 배출된 사람들이었다. 이들 학교사회사업가들은 이혜주, 임정임, 이은영(이후에 서희정으로 교체), 조성심, 최경일 학교사회사업가였다. 이들 중 이혜주는 그동안의 정든 한가람고등학교를 사직하고 서울시 교육청 팀장으로 자리를 옮겼으며 임정임, 조성심은 영등포여자상업고등학교에서 실습 과정을 충분히 이수한 사람들이었다. 또한 최경일은 서울시 교육청 사업을 위해 그가 근무를 하였던 ○○복지관을 사직하고 학교사회사업의 발전을 위해 도전과 희생을 하였다. 이들은 그동안의 학교사회사업에 대한 활동 공유를 통해 성공적 시범사업 수행을 위해 팀 결속을 강화시켜 나갔으며 그 결과 2000년의 사업 보고회를 통하여 학교사회사업의 개념과 필요성 및 효과성을 교육관계자들에게 성공적으로 발표하였다. 이 해 8월에는 학교사회사업가들의 전문성 신장과 한국학교사회사업의 제도화를 목적으로 '한국 학교사회사업실천가협회' 가 공식 출범하였고 그 초대 회장으로는 내가 선출되었다.

2001년에는 서울시교육청의 3차 시범사업이 실시되었으며 그 학교는 서울북공업고등학교, 삼성고등학교, 경성여자실업고등학교, 안천중학교, 성원중학교였다. 3차 시범사업은 그동안의 시범사업과는 달리 서울시 교육청 본청 사업으로 이루어졌다. 이때에 참석 인원은 이혜주, 장창호, 서희정, 임정임, 최경일 등 5명이었고, 이때에는 5개 교가 공동으로 진행하는 공동사업도 실시하게 되었다. 이때의 각종 발표회와 자료집을 통하여 학교사회사업의 우수성을 크게 나타내게 되었다. 시범사업의 종료 후 각 학교의 교장과 교사들 그리고 학생들은 서울시교육청에 학교사회사업을 지속적으로 실시해 줄 것을 강력하게 요구하였고, 이는 2002년에는 2년 기간의 시범사업으로 격상하게 되는 근거가 되기도 하였다.

2001년 2월 28일부로 한가람고등학교에서는 계약기간이 만료됨으로써(사실 그 이유는 다른 것에 있었다. 학교가 S동에서 M동으로 이전하게 되면서 학교장이 운영방침에 변화를 가져왔다. 즉, '우리학교는 1등이 서울대학교에 무슨 과에 입학하였는가보다는 꼴등이 우리 지역사회에서 무엇을 하며 살아가고 있는가를 더 중요하게 생각하는 학교입니다' 에서 '면학분위기 조성' 으로 선회하게 되었다. 면학분위기 조성에 장애가 되는 말썽꾸러기들에 대하여 교장 선생님의 입장은 나의 입장과는 달랐다. 이사 후 지속적으로 말썽꾸러기들을 감싸는 내가 분명 부담이 되었을 것이라 생각된다.) 사퇴를 하였고 3월 2일부터는 공립고등학교인 구일고등학교에서 학교사회사업을 실시하게 되었다.

구일고등학교는 공립이라 학교사회사업가의 임용 및 사업의 실시가 제한될 수밖에 없었다. 따라서 구일고등학교에서는 삼성복지재단(김성원 과장)의 재정적 후원을 받고 김성심 교감 선생님(과거 학교사회사업 담당 장학사)의 적극적인 도움으로 산학협동의 형태로 학교사회사업이 이루어졌다. 구일고등학교는 최초의 민간자원으로 실시되는 공립학교였다.

영상고등학교(영등포여자상업고등학교의 변경된 교명)는 교사들의 강력한 요구로 학교사회사업가가 시간제 학교사회사업가에서 전임 학교사회사업가로 고용되어 발전적인 모습을 보였다. 이때부터 사회복지공동모금회에서는 기획사업의 일환으로 학교사회사업의 실시가 거론되고 있었다. 약 9차에 걸친 내부 회의를 통해 청소년들을 위한 의미 있는 복지서비스는 학교를 중심으로 이루어질 수 있다고 판단하여 기획사업으로 학교사회사업의 실행이 결정되었다. 따라서 전국 14개 학교에 학교사회사업가가 상주하고 3년 동안의 인건비와 프로그램비를 지원하여 학교사회사업의 효과성을 밝혀내어 제도화에 기여한다는 것이다.

2002년에는 여러 가지 변화가 많았다. 서울시교육청에서는 4차 시범사업이 실시되었는데 그 학교는 서초공업고등학교, 성덕여자상업고등학교, 도봉중학교, 연서중학교이며 특이한 것은 1년 단위 연구시범사업이 아니라 2년 연속 연구시범사업이라는데 있다. 이때에 참여하게 된 학교사회사업가는 원혜연, 김달님, 박경현, 조성심이었으며 이들은 서울시 교육청에서 이들을 직접 선발하여 단위학교에 추천하는 방식으로 진행되었다. 사회복지공동모금회의 기획사업으로 인해 은평중학교의 이혜진(은평복지관), 송파공업고등학교의 조기은(마천종합사회복지관), 영신고등학교의 서희정, 혜성여자상업고등학교의 이혜주, 안천중학교의 임정임, 성원중학교의 최경일, 청주양업고등학교의 김효정, 부천소명여자중학교의 이미진(고리울종합사회복지관), 청명중학교의 임경선(강남대 연구소),대전 대성여자중학교의 한복희, 이리공업고등학교의(원광종합사회복지관) 이은영, 부산상고의 김지연, 사직여중의 김덕자(사직종합사회복지관), 울산 현대중학교의 김성애(울산 화정복지관) 등이 학교상주형의 학교사회사업가로 근무하게 되었다.

학교사회사업의 활동이 활발해지자 부산공동모금회에서도 2개 교를 추가 운영하게 되어 서면중학교의 이은영, 경성전자정보고등학교의 임열매 등이 활동하게 되었다. 또한 학회와 협회가 공동으로 학교 위기관리 워크숍을 주최하였고, 또한 학회와 참교육학부모연대, 참교육연구소 등이 함께 연대하여 학교조직개편안을 연구하여 발표하기도 하였다. 이는 학교사회사업의 필요성과 당위성이 시민단체, 교원단체 등과 연대하여 함께 학생복지에 대한 방안을 마련하고 대안을 강구하는 공동의 연대활동을 실천하였다는 점에서 매우 의미있는 활동들이었다.

2003년에는 대전 공동모금회에서도 추가로 3개 교를 실시하게 되어 성천초등학교의 박지현, 어은중학교의 임정미, 서대전여고의 원유정 등이 각각 활동하고 있으며, 충북공동모금회에서도 산남복지관을 통하여 학교사회사업을 실시하고 있다.

그러나 무엇보다도 2003년의 가장 중요한 사건은 교육인적자원부의 "교육복지투자우선지역 지원사업"이다. 교육인적자원부에서 서울과 부산 중에서 상대적으로 교육복지투자가 우선시되는 지역을 선정하여(서울 6개 지역 부산 2개 지역) 학교를 중심으로 지역사회와의 연계망을 활용하여 교육, 복지, 문화 서비스를 제공하여 학생 및 해당지역 주민의 삶의 질을 제고함을 목적으로 하는 사업이다. 사업의 형태는 주민의 단위 학교에는 지역사회교육전문가라는 전문가를 배치하여 학교 내의 교육복지사업을 전담하면서 지역사회와의 연계망을 회복하게 하였다. 이를 곧 학교사회사업이라고는 할 수 없지만 학교 중심형 학교사회사업 모델과는(school based full service model) 매우 유사한 점이 많다. 특히 대부분의 지역사회교육전문가라고 불리우는 학교에 투입될 전문가들의 80% 이상이 사회복지사인 것을 감안하고 또한 이들의 배치에 기준이 되는 여러 가지 요소들은 사회복지 공동모금회의 기준을 참고하였다는 것을 감안한다면 이는 학교사회사업의 한 가지 형태와 밀접한 관련이 있다고 분명히 말할 수 있을 것이다. 교육복지투자우선지원 사업은 국가정책적인 차원에서 앞으로 확대 실시되기를 바란다.

이들과 함께 학교사회사업에 힘쓴 사람들이 있다. 처음에 학교사회사업의 산파 역할을 해 주신 박종삼 교수님, 최초의 연구 사업을 만들어주신 노혜련 교수님, 지역사회 복지관과 학교를 연계하여 연구해 주신 김기환 교수님, 한인영, 김혜란, 홍순혜 교수님, 조홍식 교수님, 성민선 교수님, 이상균 교수님, 이태수 교수님, 노충래 교수님, 박영희 교수님, 오창순 교수님, 전재일 교수님, 김현수 원장님, 박인선 교수님, 김상곤 교수님.

이옥식 교장 선생님, 성기원 교장 선생님, 김성심 교장 선생님, 조은미 선생님, 조오영 선생님, 김영삼 선생님, 김경욱 선생님,김대유 선생님, 김성란 선생님, 백승림 선생님, 오세근 선생님, 홍교감 선생님, 백성호 교감 선생님, 강철 선생님, 정부매 선생님, 한미현 선생님, 이강훈 선생님, 이경근 선생님, 김진희 선생님, 김성원 과장님, 방대욱 과장님.

김주미, 이혜주, 최경일, 임정임, 조성심, 서희정, 김달님, 박경현, 원혜연, 김지연, 한복희, 이민진, 나미영, 황상연, 김덕자, 이현, 이은영, 전구훈, 김영화, 홍선경, 엄미선, 안정선, 김미정, 등등이 모두 나와 같은 동지이자 대한민국의 훌륭한 학교사회사업가들이다.

이들에 의하여 한국 학교사회사업의 역사는 오늘도 기록되고 있다.

## 저자소개

### 윤철수

서울 화곡중학교, 화곡고등학교, 숭실대학교 사회사업학과를 졸업하고 동대학원을 졸업하였으며, 가톨릭대학교에서 박사학위를 취득하였다. TA(한국교류분석)임상연구소 연구원을 지냈으며 서울 H여상에서 학교사회사업을 실습, B중학교와 D중학교에서 학교사회사업 연구 프로젝트 실시, 1997년도 서울시 교육청 시범사업 참여, Y여상 및 H고등학교 학교사회사업가로 근무, G고등학교 학교사회사업실 운영, 초대 한국학교사회사업 실천가협회장을 역임하였다. 또한 전주대학교 겸임교수와 한국학교사회사업 실천가협회 전문위원, 서울시 교육청 자문교수, 교육복지투자 우선지역지원사업 연구지원팀원을 역임하였다.

현재 한국 학교사회복지사협회 부설 한국학교사회복지 연구소장, 사회복지 공동모금 학교사회사업 전문위원, 나사렛대학교 사회복지학과 교수로 활동중이다.

학교사회사업가의 이야기
**산타가 만난 아이들**

2004년 1월 10일 1판 1쇄 발행
2019년 6월 20일 1판 12쇄 발행

지은이 • 윤철수
펴낸이 • 김진환
펴낸곳 • (주) 학지사
04031 서울특별시 마포구 양화로 15길 20 마인드월드빌딩
대표전화 • 02)330-5114 팩스 • 02)324-2345
등록번호 • 제313-2006-000265호

홈페이지 • http://www.hakjisa.co.kr
페이스북 • http://www.facebook.com/hakjisa

ISBN 89-7548-972-8 93330

정가 10,000원